À LA RECHERCHE D'UN TCHAD MEILLEUR ?

Beckri Hammid Haggar DJOUGOUROU

À LA RECHERCHE D'UN TCHAD MEILLEUR ?

Bâtir une nation forte pour un avenir de développement durable

Préface du Pr Mouhamadou Moustapha NDIAYE

Postface du Dr Jean PAUL

L'Harmattan Sénégal

L'Harmattan-Sénégal, 2025
10 VDN, Sicap Amitié 3, Lotissement Cité Police, DAKAR
senharmattan@gmail.com / senlibrairie@gmail.com
ISBN: 978-2-336-49675-7
EAN: 9782336496757

« Chaque génération, sans doute, se croit vouée à refaire le monde. La mienne sait pourtant qu'elle ne le refera pas. Mais sa tâche est peut-être plus grande : elle consiste à empêcher que le monde se défasse. »

Albert Camus, Discours de réception du prix Nobel de littérature, Stockholm, 10 décembre 1957.

« Il faut choisir entre le champagne pour quelques-uns
ou l'eau potable pour tous. »

Feu Président Thomas Sankara

« La paix n'est pas l'absence de guerre, c'est une vertu, un état d'esprit, une volonté de bienveillance, de confiance, de justice. »

Baruch Spinoza

« Mais au-delà des mots imprimés sur ces pages, l'avenir du Tchad repose sur l'action collective, l'engagement véritable et la détermination inébranlable de tous ceux qui croient en son potentiel. Il est temps de transformer les idées en initiatives concrètes, les discours en actions et les aspirations en réalisations tangibles. »

Beckri Hammid Haggar Djougourou

Sommaire

Dédicace

Aux Tchadiens et Tchadiennes,

Ce livre incarne notre potentiel collectif et se veut un vibrant appel à l'action. À vous, architectes de notre avenir, qui aspirez à voir un Tchad renouvelé et résilient, je dédie ces pages. Que ce voyage intellectuel nous guide vers un avenir où notre pays rayonne de force, d'unité et de prospérité. Ensemble, forgeons le Tchad que nous méritons.

Je souhaite que cet ouvrage, à travers ses idées et propositions, devienne la pierre angulaire d'un Tchad plus solide et prometteur.

Avec toute ma passion et mon engagement,

Beckri Hammid Haggar DJOUGOUROU

Remerciements

Avant tout, je rends grâce à Allah, le Tout-Puissant, dont la guidance et les bénédictions ont illuminé ce projet.

Je souhaite également exprimer ma sincère gratitude à toutes les personnes qui ont joué un rôle essentiel dans la réalisation de ce livre. Votre soutien, vos encouragements et votre aide ont été indispensables tout au long de cette aventure.

Je tiens à remercier tout particulièrement ma famille pour sa patience et son soutien constant. Leur compréhension et leurs encouragements ont été une source inestimable de motivation.

Je suis également reconnaissant envers mes collègues, amis et mentors pour leurs conseils précieux et leurs critiques constructives. Leur expertise et leurs idées ont enrichi le contenu de cet ouvrage et ont largement contribué à sa qualité.

Je remercie chaleureusement l'éditeur et l'équipe de publication pour leur professionnalisme et leur engagement. Leur travail méticuleux a permis de concrétiser ce projet et de le partager avec le public.

Enfin, j'adresse ma gratitude à toutes les personnes, trop nombreuses pour être mentionnées individuellement, qui ont pris le temps de lire, commenter et soutenir ce livre. Votre intérêt et votre enthousiasme sont une source continue d'inspiration.

À toutes et à tous, recevez mes remerciements les plus sincères et profonds.

Préface

Curieux et bon destin, en fait, celui des essayistes chercheurs.

Discipline dotée de son propre cursus théorique, pratique de son univers natal et de sa méthode de réflexion sur les écrits autour du Tchad. Que dire de cet essayiste, Beckri Hammid Haggar Djougourou, qui assure ce respect scrupuleux d'un universitaire-citoyen délivrant ses recettes « à la recherche d'un Tchad meilleur » ?

L'auteur de cet ouvrage, Beckri Hammid Haggar Djougourou, fut mon étudiant avec un parcours très brillant à l'université Gaston-Berger de Saint-Louis du Sénégal à l'Unité de formation et de recherche des sciences juridiques et politiques. C'est ce jeune écrivain talentueux, passionné par l'écriture et les lettres modernes, qui m'a fait l'honneur de me confier la rédaction de la préface de son œuvre intitulée À la recherche d'un Tchad meilleur ? Bien entendu, ce choix me comble de ravissement car j'y vois l'estime qu'il me porte, et que je lui rends au demeurant. Mais en me sentant honoré, je dois avouer que je suis rempli d'incertitude car je me demande si je suis assez outillé pour répondre à ses attentes.

En effet, cet ouvrage sur le Tchad est le travail d'exploration d'un auteur chevronné qui met en écho les aspects de son pays qui traverse des paradoxes. Tradition et modernisme, avant-gardisme et archaïsme, ouverture et fermeture se côtoient. Loin de se rencontrer et de se féconder, ils se neutralisent.

Ceux qui s'intéressent à l'Afrique, et particulièrement au Tchad, sont invités à lire À la recherche d'un Tchad meilleur ? de Beckri Hammid Haggar Djougourou, bien écrit et richement documenté. On y trouvera des réflexions utiles et stratégiques sur les enjeux et défis contemporains d'un Tchad tourné vers l'avenir. Chaque page de cet essai visionnaire explore des solutions prospectives pour un Tchad résolument orienté vers une justice sociale et une prospérité inclusive.

Ce qui me séduit de prime abord dans cet essai, c'est la dimension de vulgarisation historique de ce beau pays, le Tchad, auprès des jeunes générations. L'auteur de cet essai nous propose des solutions pour sortir de cette impasse : le Tchad doit réconcilier ses contraires et trouver la meilleure voie. Tel est l'objet de ce magnifique ouvrage.

J'adresse mes chaleureuses félicitations à l'auteur pour son engagement passionné et sa plume éloquente, et lui souhaite un avenir lumineux, jalonné de succès, et la concrétisation de ses idées audacieuses et inspirantes.

Bonne lecture à toutes et à tous !

Dr Mouhamadou Moustapha NDIAYE,

Université Gaston-Berger de Saint-Louis du Sénégal, diplômé de l'IEP Paris (Institut d'études politiques de Paris), titulaire du MBA Sciences Po, président fondateur du think tank SED Consulting (SOS Entrepreneuriat et Développement durable)

Introduction

Depuis son accession à l'indépendance le 11 août 1960, le Tchad a été secoué par des tumultes politiques internes et des conflits armés qui ont souvent déchiré le tissu social du pays. Dans un contexte mondial en perpétuelle évolution, où les nations aspirent à se réinventer pour un avenir plus prometteur, le Tchad se trouve à un moment critique de son histoire. Niché au cœur de l'Afrique centrale, le pays s'étend sur une vaste superficie de 1 284 000 km² et compte une population de 18 675 547 habitants. En plus de ses frontières avec la Libye au nord, le Soudan à l'est, la République centrafricaine au sud, le Cameroun et le Nigeria à l'ouest, et le Niger au nord-ouest, le Tchad partage également des liens historiques et culturels avec ses voisins. Sa capitale, N'Djamena, se dresse comme le centre nerveux politique et économique du pays, où convergent les aspirations et les défis de la nation.

Malgré l'absence d'accès direct à la mer, le Tchad rayonne par sa richesse en diversité ethnique et culturelle, faisant de lui un creuset de traditions et de coutumes ancestrales. Toutefois, cette richesse est parfois ternie par des défis socio-économiques majeurs, tels que la pauvreté généralisée, les tensions intercommunautaires et les inégalités persistantes en matière d'accès aux services de base, notamment l'éducation et la santé. Ces défis, bien que considérables, sont confrontés par une population résiliente et déterminée à tracer son propre chemin vers un avenir meilleur.

Outre ses ressources naturelles telles que le pétrole, l'uranium et l'or, qui offrent des opportunités de développement économique, le Tchad est également un acteur clé dans la lutte contre le terrorisme et l'instabilité régionale. En tant que membre actif de la Communauté économique des États de l'Afrique centrale (CEEAC) et de l'Union africaine (UA), le Tchad s'efforce de jouer un rôle constructif dans la promotion de la paix et de la sécurité à l'échelle continentale. Dans ce paysage en mutation, le Tchad continue de chercher des moyens innovants de surmonter ses défis tout en capitalisant sur ses atouts pour façonner un avenir plus prospère et inclusif pour tous ses citoyens.

C'est dans ce contexte que prend tout son sens le titre de cet ouvrage intitulé : **« À la recherche d'un Tchad meilleur ? Bâtir une nation forte pour un avenir de développement durable. »** Ce titre ne se limite pas à une simple formulation littéraire ou rhétorique ; il constitue une déclaration puissante et significative, un appel vibrant qui résonne profondément chez ceux qui aspirent à un Tchad renouvelé. Il s'élève tel un cri, une méditation sur notre terre, face aux défis que nous devons surmonter et aux sommets que nous espérons atteindre. Porté par une émotion et une réflexion intense, il exprime notre désir ardent de voir le Tchad prospérer et briller sous un ciel radieux.

1. L'interrogation comme moteur de réflexion

Le choix de ce titre est lourd de symbolisme. Il incarne à la fois une quête collective et une introspection personnelle, un engagement réfléchi à transformer nos rêves en réalités tangibles. Le point d'interrogation ne se réduit pas à un simple signe de ponctuation ; il éclaire notre chemin à travers les défis, les incertitudes et les obstacles à franchir. Il nous invite à explorer notre conscience, à remettre en question notre rôle, nos actions et notre engagement envers notre nation. En posant la question **« À la recherche d'un Tchad meilleur ? »**, nous ne prétendons pas offrir des réponses simplistes. Au contraire, nous reconnaissons la complexité des défis, ainsi que l'importance d'une réflexion collective et d'un dialogue inclusif pour trouver des solutions durables.

2. La quête de la recherche

Le concept de recherche évoque une quête perpétuelle et une approche scientifique. Il ne s'agit pas simplement de rêver d'un avenir radieux, mais de s'engager à suivre une méthode rigoureuse et réfléchie pour atteindre cet objectif. La recherche implique l'analyse des problèmes actuels, l'évaluation des politiques passées et l'exploration de nouvelles idées et perspectives pour bâtir un Tchad plus juste et prospère.

3. Un appel à l'action

Ce titre est également un appel énergique à l'action. Il suggère que la quête d'un Tchad meilleur est une responsabilité partagée, nécessitant l'engagement actif de chaque citoyen, de chaque institution et de chaque leader. Chacun a un rôle crucial à jouer dans cette grande transformation où chaque contribution est essentielle pour créer une harmonie future.

Le sous-titre de ce livre, **« Bâtir une nation forte pour un avenir de développement durable »,** encapsule une vision ambitieuse de la gouvernance et du progrès national, où la force d'une nation est associée à une stratégie de développement qui respecte les ressources, est équitable pour la population, et tournée vers la pérennité. Voici une explication approfondie des différents aspects de cette expression.

4. Bâtir une nation forte

Ce concept se concentre sur la force nationale, qui va au-delà de la simple puissance militaire ou économique. Une nation forte repose sur plusieurs éléments clés :

- **Institutions solides :** La solidité des institutions (gouvernementales, judiciaires, éducatives, etc.) est essentielle. Elles doivent être stables, transparentes, capables de résister aux pressions externes et internes, et agiles dans leur capacité à s'adapter aux changements. Cela inclut un système judiciaire juste, une démocratie fonctionnelle, des services publics efficaces et une administration qui fonctionne de manière honnête et professionnelle.
- **Cohésion sociale :** Une nation forte est également unie socialement. Cela implique de traiter tous les citoyens avec équité, d'encourager l'inclusion sociale, de respecter les droits de l'homme, et de s'assurer que chacun ait accès aux opportunités économiques et sociales. La cohésion sociale réduit les risques de conflits internes et de dissensions.
- **Résilience :** La résilience d'une nation est sa capacité à surmonter les crises, qu'elles soient économiques, environnementales, politiques ou sociales. Cela signifie qu'une nation forte doit être capable de se relever après des chocs, de s'adapter à de nouveaux défis, et de poursuivre un chemin de développement malgré les obstacles.

- **Économie stable et compétitive :** Une nation forte repose également sur une économie capable de générer de la richesse, d'assurer l'emploi pour ses citoyens, de maintenir des finances publiques saines et d'investir dans l'avenir. Cela requiert la capacité d'innover, d'attirer des investissements et de produire des biens et services compétitifs sur le marché mondial.

5. Pour un avenir de développement durable

La force d'une nation doit être mise au service d'un développement qui respecte les besoins des générations présentes sans compromettre ceux des générations futures. Cela nécessite plusieurs aspects importants :

- **Développement économique soutenable :** Le développement durable ne se limite pas à la croissance économique. Il s'agit d'une croissance qui prend en compte les limites écologiques de la planète. Cela veut dire que les politiques économiques doivent promouvoir des pratiques durables qui préservent les ressources naturelles, réduisent la pollution et l'empreinte carbone, tout en créant des emplois et en favorisant la prospérité. Par exemple, la promotion des énergies renouvelables, des pratiques agricoles durables et des technologies vertes.
- **Équité sociale et inclusion :** Le développement durable exige également de traiter les inégalités et de s'assurer que tous les membres de la société puissent

bénéficier du développement. Il ne s'agit pas seulement de croissance économique, mais aussi de justice sociale. Cela implique de s'attaquer à la pauvreté, de garantir un accès égal à l'éducation, aux soins de santé et aux opportunités économiques, et de promouvoir l'égalité des genres et des droits humains.

- **Préservation de l'environnement :** La dimension environnementale du développement durable est cruciale. Une nation forte ne peut pas être durable si elle épuise ses ressources naturelles, détruit ses écosystèmes ou contribue au changement climatique. La gestion durable des ressources, la protection de la biodiversité, la lutte contre la pollution et la réduction des émissions de gaz à effet de serre sont des aspects essentiels du développement durable.
- **Responsabilité intergénérationnelle :** Le développement durable demande également une responsabilité envers les générations futures. Cela signifie que les décisions prises aujourd'hui doivent tenir compte de leur impact à long terme. L'idée est de laisser aux générations à venir un monde où elles peuvent prospérer, plutôt qu'un monde ravagé par les problèmes créés par les décisions prises au présent. Cela inclut la gestion responsable des ressources, la réduction de la dette publique et la planification pour des infrastructures qui dureront dans le temps.

Dans cet ouvrage, nous entreprenons un voyage à travers les strates temporelles et géopolitiques du Tchad, en explorant les dynamiques historiques et contemporaines qui façonnent son paysage social, politique et économique. À travers une approche rigoureuse, nous décomposons le récit en trois parties essentielles :

La première partie, « Contexte historique et analyse actuelle », plonge dans les racines du passé et les réalités du présent, dévoilant les forces et les faiblesses qui ont sculpté le Tchad d'aujourd'hui.

La deuxième partie, « Fondations pour un avenir prospère », érige les piliers de la transformation, en mettant en lumière les valeurs fondamentales nécessaires à l'édification d'une société juste, équitable et dynamique.

Enfin, la troisième partie, « Construction de l'avenir tchadien », se projette vers l'horizon en esquissant un paysage de développement économique, social et environnemental où chaque citoyen trouve sa place et son épanouissement.

À travers ce parcours, nous aspirons à offrir une vision holistique et inspirante pour un Tchad renouvelé, où la résilience, l'innovation et la solidarité se conjuguent pour ouvrir la voie vers un avenir radieux.

Première partie

Contexte historique et analyse actuelle

Dans les brûlants déserts du Tchad,

Se déploient des récits de guerres, d'épées, de larmes,

Tracés par des guerriers légendaires,

Leur histoire, une épopée sans fin.

Des caravanes d'explorateurs, d'anciens empires,

Ont marqué ces terres, témoins de leur grandeur passée,

Des sables arides aux lacs paisibles,

Chaque coin raconte une histoire complexe et difficile.

Aujourd'hui, dans ce pays de contrastes,
Où la richesse se perd dans l'immensité des défis,
La géopolitique tisse des liens fragiles,
Entre espoirs brisés et destins incertains.
La société tchadienne, riche de sa diversité,
Porte les marques de son histoire tourmentée,
Avec des institutions fragiles, une économie précaire,
Une vie politique tumultueuse et une société en quête d'équilibre.
Les défis sont nombreux, les enjeux vitaux,
Dans ce pays où chaque jour apporte son lot de défis,
Un défi à relever, une lutte à mener,
Pour un avenir de paix et de dignité.
Que les voix se lèvent, que les cœurs s'unissent,
Pour bâtir un Tchad où la justice règne,
Où chacun, homme ou femme,
Trouve sa place, son bonheur, son élan.

Chapitre I

Contexte historique et géopolitique du Tchad

Dans le premier chapitre, nous entamerons notre exploration en plongeant dans le contexte historique et géopolitique du Tchad, en mettant en lumière son passé et son influence sur la réalité actuelle dans la première section. Par la suite, dans la seconde section, nous nous pencherons sur les dynamiques géopolitiques qui façonnent le pays à l'heure actuelle.

Section 1

Exploration du passé et de son impact sur le présent

Le Tchad, situé au cœur de l'Afrique, a été le théâtre de civilisations anciennes qui ont laissé des traces remarquables de leur présence à travers des sites archéologiques. Le site de Borkou–Ennedi -Tibesti, inscrit au patrimoine mondial de l'UNESCO, est l'un de ces endroits fascinants qui témoignent de la richesse de l'histoire tchadienne. Les peintures rupestres, les gravures et les vestiges préhistoriques trouvés dans cette région offrent un aperçu précieux de la vie des premiers habitants de la région et de leur mode de vie. Parmi les civilisations anciennes qui ont prospéré au Tchad, le royaume de Kanem-Bornu se distingue par sa grandeur et son influence régionale. Fondé vers le 8e siècle, ce royaume était un centre florissant de commerce transsaharien, reliant les régions du Sahara et de l'Afrique subsaharienne. Les caravanes transportant des produits précieux tels que l'or, le sel et les esclaves traversaient régulièrement les territoires de Kanem-Bornu, contribuant ainsi à sa prospérité économique. Sur le plan politique, ce royaume a développé des institutions administratives sophistiquées, avec un système de gouvernement centralisé et des codes juridiques bien établis. Les souverains de Kanem-Bornu étaient également des promoteurs actifs de l'islam, qui est devenu une force culturelle et religieuse dominante dans la région. La ville de Njimi, capitale du royaume, était un centre intellectuel et religieux renommé, attirant des érudits et des commerçants de tout le monde musulman.

Cependant, l'histoire du Tchad a également été marquée par des périodes de conflit et de changement. Les invasions arabes et berbères du 11e siècle ont affaibli le royaume de Kanem-Bornu, ouvrant la voie à l'émergence de nouveaux pouvoirs régionaux tels que le royaume du Baguirmi. Les rivalités entre ces royaumes, combinées aux pressions extérieures, ont façonné l'histoire politique et sociale du Tchad jusqu'à l'époque moderne.

La colonisation française à la fin du 19e siècle a introduit une nouvelle ère dans l'histoire du Tchad. À partir de 1900, le pays est devenu une colonie de l'Afrique équatoriale française, puis un territoire d'outre-mer. Les Français y ont exercé un contrôle strict, exploitant ses ressources naturelles et imposant leur propre système politique et culturel. L'impact de la colonisation sur la société tchadienne a été profond et multifacette, laissant des cicatrices qui se font encore sentir aujourd'hui.

Par exemple, l'exploitation économique intensive sous la colonisation a eu des conséquences durables sur l'économie tchadienne. Les plantations de coton ont été établies pour répondre à la demande croissante de matières premières textiles en Europe, entraînant une dépendance économique persistante du Tchad à l'égard de cette culture. De plus, l'extraction des ressources naturelles telles que le pétrole a été réalisée au profit de la métropole, laissant peu de bénéfices tangibles pour la population locale.

Sur le plan culturel, la politique d'assimilation menée par les autorités coloniales a eu un impact dévastateur sur les traditions et les identités locales. Les langues et les cultures indigènes ont été marginalisées au profit du français, et les normes culturelles européennes ont été imposées à tous les niveaux de la société. Par exemple, l'éducation en français est devenue la norme dans les écoles, reléguant les langues locales au second plan et menaçant la transmission intergénérationnelle des connaissances et des traditions.

L'exploration du passé du Tchad révèle un mélange fascinant de civilisations anciennes, de conflits historiques et d'héritage colonial. Comprendre ces différentes couches de l'histoire tchadienne est essentiel pour appréhender les défis actuels du pays et élaborer des stratégies de développement efficaces qui tiennent compte de ses réalités historiques et culturelles.

Section 2

Analyse des dynamiques géopolitiques influençant la situation actuelle du Tchad

Le Tchad, pays d'Afrique centrale, est confronté à une multitude de défis géopolitiques qui entravent son développement et menacent sa stabilité dans de nombreux domaines. Au cœur de ces défis se trouve la région sahélienne, qui occupe une grande partie du territoire tchadien et est devenue un foyer de conflits et d'instabilité. Cette instabilité est largement alimentée par la présence de groupes terroristes notoires tels que Boko Haram et l'État islamique dans le Grand Sahara (EIGS), qui ont semé la terreur à travers des attaques meurtrières et des actes de violence brutaux. Selon les données du Global Terrorism Index, le Tchad a subi une augmentation alarmante du nombre d'attaques terroristes au cours des dernières années, provoquant une perturbation généralisée de la vie quotidienne des citoyens et des communautés locales. Ces attaques ont eu un impact dévastateur sur la population, entraînant la perte tragique de vies humaines et forçant des milliers de personnes à fuir leurs foyers, à la recherche de sécurité. Pour illustrer l'ampleur de cette menace, examinons la période entre 2017 et 2024 : le Tchad a été le théâtre de plus de 400 attaques terroristes, qui ont causé la mort de plus de 1000 personnes et ont entraîné le déplacement massif de milliers d'autres, selon les données de l'Institute for Economics and Peace. Ces chiffres effrayants soulignent la nécessité urgente de renforcer les capacités de sécurité du Tchad et de coopérer avec la communauté internationale pour lutter contre le terrorisme dans la région.

Outre les défis sécuritaires posés par les groupes terroristes, le Tchad est également en proie à des tensions internes profondes, notamment des rivalités ethniques et politiques qui persistent depuis des décennies. Avec plus de 200 groupes ethniques différents, le pays est caractérisé par un mélange de cultures et de traditions variées, mais cette richesse peut aussi engendrer des tensions et des divisions.

Les affrontements entre les éleveurs nomades et les agriculteurs sédentaires pour l'accès aux ressources naturelles, telles que l'eau et les terres arables, sont particulièrement préoccupants et ont souvent dégénéré en violences meurtrières. Les données du Programme alimentaire mondial indiquent que ces conflits ont entraîné le déplacement de plus de 3000 personnes au cours des dernières années, exacerbant ainsi les tensions sociales et économiques dans le pays.

Sur les plans régional et international, le Tchad est soumis à des pressions externes en raison de sa position géostratégique au cœur de l'Afrique. En tant que pivot central dans la lutte contre le terrorisme au Sahel et dans la région du lac Tchad, le pays est un allié clé des forces régionales et internationales engagées dans ces efforts. Cependant, cette implication militaire étrangère peut également être source de tensions avec certaines factions politiques et des groupes armés tchadiens, qui perçoivent ces interventions comme une ingérence étrangère.

Dans l'ensemble, le Tchad est confronté à une myriade de défis géopolitiques qui menacent sa stabilité et son développement. La résolution de ces défis exige une approche globale et coordonnée, allant de la lutte contre le terrorisme à la promotion de la réconciliation nationale et de la cohésion sociale. Il est impératif que le gouvernement tchadien, avec le soutien de la communauté internationale, mette en œuvre des politiques et des stratégies efficaces pour surmonter ces défis et ouvrir la voie à un avenir plus sûr et plus prospère pour tous les citoyens du Tchad.

Chapitre II

État actuel de la société tchadienne

Après avoir dressé un portrait général du contexte tchadien, il est maintenant essentiel d'explorer en détail les structures sociales, économiques et politiques du pays, dans la première section, avant de passer à l'identification des défis et enjeux majeurs dans la seconde section.

Section 1

Description approfondie des structures sociales, économiques et politiques en place

Le Tchad, enclavé au cœur de l'Afrique, est une nation aux multiples facettes, où la diversité ethnique, linguistique et culturelle est une caractéristique fondamentale. Cette diversité est le résultat d'une histoire complexe, marquée par des siècles de migrations, d'échanges et d'interactions entre les différents groupes ethniques et culturels qui peuplent le pays. Cette richesse culturelle se reflète dans toutes les sphères de la vie tchadienne, des structures sociales aux dynamiques économiques et politiques. Sur le plan social, les fondements traditionnels, ancrés dans la vie quotidienne des Tchadiens, jouent un rôle prépondérant. Les familles étendues, véritables piliers de la société, représentent un socle de solidarité et de cohésion. Environ 80 % de la population vit au sein de ces structures familiales élargies, où les liens intergénérationnels et les responsabilités partagées contribuent à renforcer les relations familiales et communautaires. Les mariages au sein des mêmes clans ou tribus sont monnaie courante, consolidant ainsi les alliances politiques et socialement stratégiques.

En revanche, sur le plan économique, l'agriculture occupe une place prépondérante en matière d'emploi, et son impact sur le produit intérieur brut (PIB) représente un peu moins de 30 % de celui-ci. Cette situation témoigne des défis auxquels est confronté le secteur agricole, notamment en matière de productivité et d'accès aux marchés.

De plus, près de 45 % de la population tchadienne vit dans une situation de pauvreté, en grande partie concentrée dans les zones rurales, exposées aux aléas climatiques et aux conflits liés aux ressources naturelles. Malgré les revenus tirés de l'exploitation pétrolière, environ 40 % de la population demeure non bancarisée, mettant en lumière les inégalités persistantes en matière d'accès aux services financiers de base. Les lacunes en matière d'infrastructures sont également criantes, avec seulement environ 15 % de la population ayant accès à l'électricité et moins de 60 % à des sources d'eau potable améliorées.

Du point de vue politique, depuis son accession à l'indépendance en 1960, le Tchad a été le théâtre de bouleversements politiques incessants, marqués par des coups d'État, des rébellions et des conflits armés. Ces troubles sont souvent alimentés par des rivalités ethniques et des luttes pour le pouvoir, entravant ainsi la stabilité politique et la consolidation démocratique du pays. Les régimes autoritaires et militaires ont longtemps prévalu, limitant l'expression politique et favorisant l'émergence de pratiques bureaucratiques inefficaces, de corruption et de manque de transparence. En conséquence, le Tchad est régulièrement pointé du doigt pour ses violations des droits de l'homme, telles que les arrestations arbitraires et la répression des dissidents politiques.

Dans l'ensemble, la société tchadienne est confrontée à une myriade de défis, allant des enjeux sociaux et économiques à ceux d'ordre politique. Pour relever ces défis de manière efficace et durable, des réponses adaptées et inclusives sont nécessaires, mettant l'accent sur le renforcement des infrastructures, la promotion de la bonne gouvernance et le respect des droits de l'homme. Seule une approche holistique et concertée permettra de tracer la voie vers un développement durable et inclusif pour l'ensemble de la population tchadienne.

Section 2

Identification des principaux défis et enjeux sociaux, économiques et de développement

Pour mieux appréhender les enjeux majeurs auxquels le Tchad est confronté dans les domaines social, économique et de développement, il est crucial d'analyser divers aspects de la société et de l'économie du pays. Tout d'abord, l'instabilité politique persistante, marquée par des décennies de coups d'État et de conflits internes, a sérieusement entravé le développement durable et la bonne gouvernance. La généralisation de la pauvreté et les inégalités socio-économiques prononcées entre les zones urbaines et rurales, ainsi qu'entre différents groupes ethniques et socio-économiques, représentent un défi majeur.

En parallèle, l'insécurité alimentaire persistante, exacerbée par la sécheresse, les inondations, les conflits armés et les déplacements de populations, affecte gravement des millions de Tchadiens. De plus, l'accès limité aux services de base tels que l'éducation, les soins de santé, l'eau potable et l'assainissement entrave le bien-être et le développement de nombreux citoyens. Les infrastructures de base telles que les routes, les réseaux électriques et les télécommunications, sous-développées, empêchent la connectivité et le développement économique du pays. Les défis environnementaux, tels que la désertification, la déforestation et la perte de biodiversité, menacent les moyens de subsistance des communautés rurales et exacerbent les tensions entre éleveurs et agriculteurs. La gestion des ressources naturelles, notamment du pétrole, de l'or et d'autres minéraux, constitue également un défi majeur, avec le risque de tensions et de conflits, ainsi qu'une répartition inéquitable des bénéfices. Les mouvements massifs de populations, dus à des conflits, des catastrophes naturelles et des difficultés économiques, posent des défis humanitaires et de développement. En outre, la corruption endémique et la mauvaise gouvernance minent le développement économique, la confiance des citoyens dans les institutions et alimentent l'instabilité politique. Enfin, la dépendance à l'aide extérieure expose le pays aux fluctuations des prix des matières premières et aux conditions imposées par les bailleurs de fonds internationaux. Face à ces défis sociaux, économiques et de développement interconnecté, des efforts soutenus de la part du gouvernement, de la société civile, des partenaires de développement et de la communauté internationale sont nécessaires pour les surmonter de manière durable.

Deuxième partie

Fondations pour un avenir prospère

Au cœur du continent africain,

Le Tchad construit lentement les bases de son avenir,

Patriotisme, éthique, des piliers solides,

Guident notre marche vers un progrès durable.

Dans les couloirs du pouvoir,

Ce sont nos valeurs qui tracent notre chemin,

La réconciliation, clé de notre unité,

Pour un Tchad fort, un peuple uni.

La justice sociale, des opportunités équitables,

Contre les injustices qui brisent nos liens.

Le mérite, l'excellence, vers les sommets,
L'innovation, le travail, l'espoir renaît.
Ensemble, avançons main dans la main,
Sur les chemins de l'avenir, vers un horizon lointain.
Pour un Tchad prospère, inclusif et fort,
Nos valeurs sont notre guide, notre trésor.

Chapitre III

Valeurs fondamentales pour le changement au Tchad

Ans ce troisième chapitre, nous explorerons les valeurs fondamentales qui façonnent le chemin vers le changement au Tchad. Dans la première section, nous examinerons le rôle du patriotisme et de l'éthique morale en tant que moteurs de progrès. Ensuite, dans la deuxième section, nous analyserons comment ces valeurs sont appliquées dans la gouvernance et les politiques publiques.

Section 1

Examen du patriotisme et de l'éthique morale comme leviers de progrès

Le patriotisme au Tchad va bien au-delà d'un simple attachement au drapeau national. Il est profondément enraciné dans l'histoire, la culture et les aspirations collectives du peuple tchadien. Ce sentiment patriotique se manifeste à travers diverses expressions, telles que le respect des symboles nationaux, la participation civique active et l'engagement envers le développement et la prospérité de la nation. Les données récentes de l'Institut international de la statistique révèlent que 70 % des Tchadiens se considèrent comme « fiers » ou « très fiers » d'être tchadiens, ce qui témoigne d'un attachement profond et durable à leur pays malgré les défis socio-économiques et politiques.

Pour cultiver et renforcer ce sentiment patriotique, il est impératif d'investir massivement dans l'éducation patriotique dès le plus jeune âge. L'école joue un rôle crucial dans la transmission des valeurs nationales et de l'histoire tchadienne aux générations futures. Cependant, les données du ministère de l'Éducation indiquent que seulement 40 % des écoles au Tchad incluent actuellement des cours d'histoire nationale dans leur programme. Cela souligne l'urgence d'une réforme éducative visant à réintégrer l'enseignement de l'histoire et de la culture tchadiennes dans le curriculum scolaire, afin de renforcer l'identité nationale et le sentiment d'appartenance chez les jeunes. Parallèlement, des initiatives communautaires doivent être encouragées pour renforcer le tissu social et promouvoir la cohésion nationale. Des événements culturels, des festivals et des programmes de bénévolat peuvent servir de plateformes pour célébrer la diversité culturelle du Tchad tout en renforçant le sentiment d'appartenance nationale. Par exemple, le Festival national de la culture et des arts au Tchad, qui attire chaque année des milliers de participants de toutes les régions du pays, offre une opportunité unique de promouvoir le patriotisme et la solidarité nationale à travers l'expression artistique et culturelle.

En ce qui concerne l'éthique morale, il est crucial de reconnaître son rôle fondamental dans la construction d'une société juste et équitable. La corruption, en particulier, représente un obstacle majeur au développement économique et social du Tchad. Selon le rapport annuel de Transparency International sur la corruption, le pays était classé 160e sur 180 pays en 2023. Pour combattre ce fléau, il est nécessaire de renforcer les institutions de lutte contre la corruption et de mettre en œuvre des mesures efficaces telles que des lois anticorruption rigoureuses, des mécanismes de surveillance et de reddition de comptes, et une sensibilisation accrue sur les dangers de la corruption. En résumé, le patriotisme et l'éthique morale sont des valeurs fondamentales pour le progrès et la stabilité du Tchad.

Section 2

Application de ces valeurs dans la gouvernance et les politiques publiques

La lutte contre la corruption est un autre aspect crucial de la gouvernance au Tchad. La corruption mine les fondements mêmes d'une société juste et prospère en détournant les ressources publiques et en sapant la confiance du public dans ses institutions. Pour combattre ce fléau, le Tchad doit renforcer ses institutions de lutte contre la corruption et mettre en œuvre des mesures concrètes telles que des lois anticorruption robustes, des mécanismes de surveillance et de reddition de comptes, et une sensibilisation accrue aux dangers de la corruption. En éliminant la corruption, le gouvernement peut garantir une distribution équitable des ressources et promouvoir la confiance du public dans ses institutions.

La gestion transparente des ressources naturelles est également essentielle pour assurer le développement durable du Tchad. Le pays est doté de riches ressources naturelles, mais leur exploitation a souvent été entachée par l'opacité et la mauvaise gestion. Pour maximiser les avantages pour la population, il est impératif d'adopter des pratiques de gestion transparente des ressources, y compris la publication régulière des revenus générés par les industries extractives et leur utilisation pour le bien-être social et économique de la population. Cela nécessite une reddition de comptes rigoureuse et une participation citoyenne active dans la surveillance de l'utilisation des revenus issus des ressources naturelles. En mettant en pratique ces valeurs fondamentales de gouvernance inclusive, de lutte contre la corruption et de gestion transparente des ressources, le Tchad peut ouvrir la voie à un avenir plus prometteur, où la justice, la prospérité et le bien-être de tous les citoyens sont véritablement prioritaires.

Chapitre IV

Réconciliation et cohésion nationale au Tchad

Le chapitre consacré à la réconciliation et à la cohésion nationale au Tchad s'articulera autour de deux axes principaux : la promotion de la réconciliation interethnique et interreligieuse dans la première section, suivie par le renforcement de l'unité nationale pour forger un avenir solide et inclusif dans la seconde section.

Section 1

Promotion de la réconciliation entre les diverses composantes ethniques et religieuses

La promotion de la réconciliation entre les différentes composantes ethniques et religieuses du

Tchad est un pilier essentiel pour assurer la stabilité et favoriser un développement harmonieux du pays. Dans un passé marqué par l'exploitation politique et économique des tensions ethniques et religieuses, la réconciliation devient non seulement un devoir moral, mais également une nécessité stratégique incontestable. Il est crucial, tout d'abord, de prendre conscience et de comprendre pleinement les multiples différences ethniques et religieuses qui caractérisent la société tchadienne. Le Tchad, avec sa diversité ethnique et religieuse, représente un véritable melting-pot culturel, chaque groupe possédant ses propres traditions, cultures et récits historiques. Plutôt que de constituer des sources de division, ces différences devraient être perçues comme des richesses à valoriser et à célébrer.

La réconciliation implique également la reconnaissance des injustices du passé et un engagement résolu à les surmonter collectivement. Cela passe nécessairement par la reconnaissance des torts historiques, tels que les conflits interethniques ou les discriminations religieuses, et la quête incessante de solutions justes et équitables pour toutes les parties impliquées. La vérité et la réconciliation sont ainsi des étapes indispensables sur le chemin vers la guérison et la construction d'une société tchadienne plus unifiée et résiliente. Un autre aspect crucial de la promotion de la réconciliation réside dans la création de cadres de dialogue et de médiation où les différentes communautés peuvent se rencontrer, échanger et résoudre leurs différends de manière pacifique. Ces espaces de dialogue, qu'ils prennent la forme de forums communautaires, de tables rondes interethniques, d'initiatives de sensibilisation ou de programmes éducatifs, jouent un rôle fondamental dans la promotion de la compréhension mutuelle et du respect des différences. De plus, il est primordial d'impliquer activement les leaders religieux, traditionnels et communautaires dans le processus de réconciliation. En raison de leur influence significative au sein de leurs communautés respectives, ces figures jouent un rôle déterminant dans la promotion du dialogue, de la tolérance et de la paix, contribuant ainsi à créer un environnement favorable à la réconciliation et à la coexistence pacifique.

Enfin, la réconciliation ne peut être véritablement durable sans un engagement ferme des autorités politiques et de la société civile à promouvoir la justice, l'égalité et les droits de l'homme pour tous les citoyens, indépendamment de leur origine ethnique ou religieuse. Cela implique la mise en place de politiques et de programmes inclusifs visant à favoriser la participation de toutes les composantes de la société à la vie politique, économique et sociale du pays.

Section 2

Renforcement de l'unité nationale pour bâtir un avenir solide et inclusif

Le renforcement de l'unité nationale au Tchad est une aspiration profonde et une nécessité absolue pour garantir la cohésion sociale, la stabilité politique et le développement harmonieux du pays. Cette démarche vise à transcender les différences ethniques, religieuses, culturelles et sociales qui peuvent parfois diviser la société, afin de forger un sentiment d'appartenance commun et une identité nationale forte. Pour comprendre l'importance de cette démarche, il est nécessaire de revenir sur l'histoire mouvementée du Tchad, marquée par des périodes de conflits ethniques, politiques et militaires. Les divisions internes ont souvent été exacerbées par des facteurs externes, tels que l'ingérence étrangère et la compétition pour les ressources naturelles. Ces tensions ont freiné le développement économique et social du pays, entravant sa capacité à progresser en tant que nation unie.

Face à ces défis, le renforcement de l'unité nationale nécessite une approche multidimensionnelle et holistique, touchant à la fois les aspects politiques, économiques, sociaux et culturels de la société tchadienne. Cela implique tout d'abord la promotion de la justice sociale et de l'égalité des chances pour tous les citoyens, quelles que soient leur origine ethnique, leur religion ou leur classe sociale. Il est crucial de lutter contre la marginalisation et les discriminations, et de garantir un accès équitable aux ressources et aux opportunités pour tous.

Parallèlement, le renforcement de l'unité nationale passe par la promotion d'un dialogue inclusif et constructif entre les différentes communautés du pays. Les institutions gouvernementales, la société civile, les leaders religieux et traditionnels, ainsi que les médias, ont un rôle majeur à jouer dans la création d'espaces de dialogue et de médiation où les préoccupations et les aspirations de chacun peuvent être entendues et prises en compte. L'éducation joue également un rôle central dans ce processus. Les programmes éducatifs doivent promouvoir les valeurs de tolérance, de respect et de solidarité, et sensibiliser les jeunes générations à la diversité culturelle et religieuse du pays. En outre, il est essentiel d'encourager les échanges interculturels et les activités communes qui favorisent la compréhension mutuelle et le renforcement des liens sociaux. Sur le plan politique, le leadership éclairé et inclusif est indispensable pour promouvoir l'unité nationale. Les dirigeants doivent transcender les intérêts partisans et les divisions ethniques pour œuvrer en faveur de l'intérêt général et de l'unité de la nation. Cela implique de promouvoir des politiques inclusives et la participation citoyenne à la prise de décision, ainsi que de renforcer les institutions démocratiques. Le renforcement de l'unité nationale est un processus continu qui nécessite un engagement à long terme de la part de toutes les parties prenantes de la société tchadienne. Cela exige de la patience, de la compréhension, et la volonté de surmonter les obstacles et les différences qui peuvent se présenter sur le chemin de la construction d'une nation unie et prospère.

En définitive, le renforcement de l'unité nationale au Tchad est un impératif moral et stratégique qui nécessite une approche globale et concertée. En cultivant le respect, la tolérance et la solidarité entre toutes les composantes de la société, le Tchad peut aspirer à un avenir où la diversité est célébrée comme une force et où tous les citoyens peuvent contribuer pleinement au développement et au bien-être de la nation.

Chapitre V

Justice sociale et égalité des opportunités au Tchad

Le chapitre dédié à la justice sociale et à l'égalité des opportunités au Tchad sera divisé en deux sections distinctes : la première portera sur la lutte contre les inégalités sociales, économiques et de genre, tandis que la seconde abordera la promotion de la justice sociale et de l'accès équitable aux opportunités pour l'ensemble des citoyens.

Section 1

Lutte contre les inégalités sociales, économiques et de genre

La lutte contre les inégalités sociales, économiques et de genre au Tchad est une entreprise de grande envergure, qui requiert une analyse approfondie et une action concertée à plusieurs niveaux. Pour mieux comprendre l'ampleur de ces inégalités et les défis qu'elle pose, il est essentiel de plonger dans les rouages de la société tchadienne, en examinant de près divers aspects historiques, économiques, sociaux et culturels.

En matière d'éducation, le Tchad se trouve confronté à des obstacles considérables. Les chiffres parlent d'eux-mêmes : en 2018, seulement 35 % de la population adulte était alphabétisée, mettant en lumière l'étendue du défi éducatif auquel le pays est confronté. Cette situation est particulièrement préoccupante dans les zones rurales, où l'accès à l'éducation est souvent limité par un manque d'infrastructures adéquates, de ressources pédagogiques et d'enseignants qualifiés. Dans certaines régions, comme le Sahel, le taux d'alphabétisation peut chuter jusqu'à un alarmant taux de 15 %, accentuant ainsi les disparités éducatives entre les zones urbaines et rurales.

Sur le front de la santé, le Tchad fait également face à d'importants défis. Avec l'un des taux de mortalité maternelle les plus élevés, atteignant 1063 décès pour 100 000 naissances vivantes en 2023, le pays doit faire face à des enjeux critiques en matière de santé maternelle et infantile. Les femmes, en particulier celles vivant dans les régions rurales et éloignées, sont souvent confrontées à un accès limité aux soins de santé maternelle de qualité, ce qui entraîne des complications évitables pendant la grossesse et l'accouchement, contribuant ainsi à la mortalité maternelle et infantile.

Sur le plan économique, la dépendance du Tchad aux exportations de pétrole constitue un défi majeur. Bien que le secteur pétrolier représente environ 60 à 70 % des recettes fiscales du gouvernement, cette dépendance expose le pays à la volatilité des prix du pétrole sur le marché mondial, ce qui a un impact direct sur sa croissance économique et sa capacité à réduire les inégalités de revenus. En outre, la concentration des richesses entre les mains d'une élite économique restreinte alimente les inégalités économiques et sociales, creusant davantage le fossé entre les riches et les pauvres.

En ce qui concerne les inégalités de genre, les femmes et les filles continuent de faire face à des obstacles considérables dans de nombreux aspects de leur vie. Les mariages précoces demeurent une réalité préoccupante, avec environ 55 % des femmes âgées de 20 à 24 ans mariées ou en union avant l'âge de 18 ans, selon l'UNICEF. Ces mariages précoces limitent les opportunités éducatives et professionnelles des filles, les exposant ainsi à un risque accru de pauvreté, de violence et de discrimination tout au long de leur vie.

Enfin, la répartition inégale des richesses reste l'une des principales sources d'inégalités au Tchad. Les données révèlent que les 10 % les plus riches de la population détiennent environ un tiers des revenus nationaux, tandis que les 40 % les plus pauvres n'en détiennent que 10 %. Cette concentration des richesses entre les mains d'une minorité prive la majorité de la population des moyens nécessaires pour subvenir à leurs besoins essentiels, alimentant ainsi les tensions sociales et politiques et compromettant la stabilité du pays. La lutte contre les inégalités au Tchad exige une approche holistique et multidimensionnelle qui aborde les défis éducatifs, sanitaires, économiques et de genre de manière intégrée. Il est impératif de promouvoir l'accès universel à une éducation de qualité, à des soins de santé essentiels et à des opportunités économiques équitables, tout en renforçant l'autonomisation des femmes et des filles. Seul un engagement durable et soutenu de la part du gouvernement, de la société civile et de la communauté internationale permettra de surmonter ces défis et de bâtir un avenir plus juste et plus inclusif pour tous les citoyens tchadiens.

Section 2

Promotion de la justice sociale et de l'accès équitable aux opportunités pour tous les citoyens

La promotion de la justice sociale et de l'accès équitable aux opportunités pour tous les citoyens du Tchad a été un défi de taille tout au long de l'histoire du pays. Depuis son accession à l'indépendance en 1960, le Tchad a été victime d'une succession de crises politiques, sociales et économiques qui ont entravé les efforts visant à instaurer une société plus juste et inclusive. La gouvernance politique au Tchad a été l'objet de critiques sévères. Les régimes autoritaires, les coups d'État et les conflits armés ont souvent accentué les inégalités sociales et ethniques. Les élites politiques et ethniques ont souvent bénéficié d'un traitement de faveur aux dépens des populations marginalisées, alimentant ainsi les tensions sociales et les divisions au sein de la société.

Sur le front économique, le Tchad a dû faire face à d'importants défis, notamment la pauvreté généralisée, le chômage et l'accès limité aux services de base. Malgré ses richesses naturelles, notamment le pétrole, une grande partie de la population tchadienne demeure confrontée à la précarité, tandis que les bénéfices de l'exploitation des ressources naturelles ont souvent été accaparés par une minorité privilégiée. Les disparités ethniques ont également été une source majeure de tensions et de critiques. La diversité ethnique du Tchad, avec ses nombreuses ethnies et groupes linguistiques, a souvent été exploitée à des fins politiques, exacerbant ainsi les divisions sociales et sapant la cohésion nationale. Des affrontements violents entre groupes ethniques rivaux ont causé d'immenses souffrances humaines, compromettant ainsi les efforts en faveur de la justice sociale et de l'égalité des chances.

En ce qui concerne l'accès à la justice, le système judiciaire tchadien a été largement décrié pour son manque d'indépendance, de transparence et d'efficacité. Les violations des droits de l'homme, telles que les arrestations arbitraires, la torture et les exécutions extrajudiciaires, ont été documentées par des organisations internationales de défense des droits de l'homme, soulignant ainsi les défis persistants en matière de justice sociale et d'État de droit. Néanmoins, des progrès ont été enregistrés dans certains domaines. Des mouvements sociaux, des organisations de la société civile et des acteurs politiques se sont mobilisés pour promouvoir la justice sociale et garantir un accès équitable aux opportunités pour tous les citoyens. Des réformes législatives et institutionnelles ont été entreprises pour renforcer l'État de droit et promouvoir les droits de l'homme. Cependant, il reste encore beaucoup à faire pour surmonter les obstacles structurels et transformer les aspirations pour une société plus juste en réalité tangible pour tous les citoyens tchadiens.

Chapitre VI

Mérite, excellence et innovation au Tchad

Dans le chapitre dédié au mérite, à l'excellence et à l'innovation au Tchad, nous explorerons deux axes majeurs : la première section mettra en avant l'importance de valoriser le mérite et l'excellence dans tous les secteurs de la société, tandis que la seconde se focalisera sur la promotion de l'innovation et de l'effort soutenu pour stimuler le progrès national.

Section 1

Encouragement du mérite et de l'excellence dans tous les domaines de la société

Encourager le mérite et l'excellence dans tous les domaines de la société tchadienne représente un engagement profond envers le progrès et la prospérité du pays. Cette vision ambitieuse exige une approche intégrée et dynamique mettant en œuvre des stratégies variées pour nourrir un environnement où le talent est reconnu, récompensé et valorisé à tous les niveaux.

Dans le domaine de l'éducation, il est impératif d'adopter une approche inclusive qui garantisse à chaque individu, quel que soit son origine ou son statut socio-économique, l'accès à une éducation de qualité. Cela nécessite des investissements significatifs dans les infrastructures éducatives, notamment dans les régions rurales et les communautés marginalisées, ainsi que des réformes visant à moderniser les programmes scolaires pour répondre aux exigences d'un monde en évolution rapide. En plus d'enseigner les connaissances fondamentales, l'éducation devrait également encourager le développement des compétences du 21e siècle, telles que la pensée critique, la résolution de problèmes et la collaboration, essentielles pour réussir dans un monde en mutation.

Parallèlement, reconnaître et récompenser les réalisations exceptionnelles est essentiel pour cultiver une culture de l'excellence. Des prix nationaux, des distinctions honorifiques et des bourses d'études peuvent servir à célébrer les individus et les organisations qui se distinguent dans les domaines de l'éducation, de la recherche, des arts, du sport et de l'entrepreneuriat. Ces initiatives ne se contentent pas de gratifier les réussites individuelles, elles inspirent également l'émulation et renforcent le tissu social en célébrant les succès collectifs et en encourageant la collaboration.

La promotion de la recherche et de l'innovation est un moteur puissant du développement socio-économique du Tchad. En investissant dans des infrastructures de recherche de pointe, en soutenant les jeunes chercheurs et en favorisant la collaboration entre les universités, les centres de recherche et le secteur privé, le pays peut stimuler la création de connaissances, l'innovation et la création de valeur ajoutée. En outre, encourager l'entrepreneuriat et la création d'entreprises innovantes contribue à dynamiser l'économie et à créer des opportunités d'emploi pour les jeunes et les talents locaux. Un leadership éclairé est indispensable pour instaurer une culture de mérite et d'excellence. Les dirigeants politiques, économiques et sociaux doivent servir de modèles d'intégrité, de compétence et de responsabilité, et promouvoir un climat de confiance, de transparence et de méritocratie. En veillant à ce que les politiques et les pratiques favorisent l'équité des opportunités et la diversité, les dirigeants peuvent garantir que chaque individu ait la possibilité de réaliser son plein potentiel, indépendamment de ses origines ou de son parcours.

Enfin, la promotion des talents locaux dans les domaines artistique, sportif, culturel et entrepreneurial est essentielle pour valoriser l'identité culturelle et renforcer le tissu social du Tchad. Organiser des événements, des festivals et des compétitions qui mettent en valeur les talents locaux permet de promouvoir la diversité culturelle, de stimuler la créativité et de renforcer le sentiment d'appartenance à la nation. En outre, soutenir les initiatives locales et encourager la participation citoyenne renforce le capital social et contribue à construire une société plus inclusive et solidaire.

En combinant ces différentes approches de manière synergique et en mobilisant l'ensemble de la société, le Tchad peut créer un environnement propice à l'épanouissement du mérite et de l'excellence dans tous les aspects de la vie. Cela contribuera non seulement à renforcer le développement global du pays, mais aussi à améliorer le bien-être et la qualité de vie de ses citoyens, en leur offrant les opportunités et les incitations nécessaires pour réaliser leur plein potentiel.

Section 2

Promotion de l'innovation et du travail acharné pour faire avancer la nation

La promotion de l'innovation et du travail acharné représente un pilier fondamental pour l'évolution et la prospérité du Tchad. Ces deux éléments sont non seulement indispensables à la croissance économique, mais aussi au développement social et à la transformation globale de la nation. L'innovation, en particulier, revêt une importance capitale dans un monde en constante évolution, où les pays qui se distinguent sont ceux capables de générer de nouvelles idées, de repenser les processus existants et d'adopter des technologies de pointe pour résoudre les défis du quotidien.

Dans le contexte tchadien, l'innovation peut prendre différentes formes, toutes contribuant à l'amélioration des conditions de vie et à la création de nouvelles opportunités économiques. Que ce soit à travers l'intégration de solutions technologiques dans des secteurs clés comme l'agriculture, l'éducation ou la santé, ou encore par le biais de l'entrepreneuriat social visant à répondre aux besoins locaux de manière innovante et durable, l'innovation peut être un moteur de croissance inclusive et de développement durable. Prenons l'exemple de l'agriculture, un secteur vital pour l'économie tchadienne. En encourageant l'innovation dans ce domaine, le Tchad pourrait améliorer la productivité agricole grâce à l'adoption de techniques modernes telles que l'irrigation intelligente, la conservation de l'eau et l'utilisation de semences améliorées. Cela non seulement augmenterait les rendements, mais contribuerait également à la sécurité alimentaire et à la réduction de la pauvreté en milieu rural.

En parallèle, le travail acharné est indispensable pour concrétiser les opportunités offertes par l'innovation. Il est le moteur qui transforme les idées en actions, les rêves en réalité. Dans un pays comme le Tchad, où les défis sont nombreux et les ressources limitées, le travail acharné revêt une importance encore plus cruciale. C'est lui qui permet aux individus et aux communautés de surmonter les obstacles, de persévérer face à l'adversité et de bâtir un avenir meilleur, pour eux-mêmes et pour les générations à venir. Encourager le travail acharné implique de créer un environnement propice à l'initiative individuelle et à l'entrepreneuriat. Cela passe par des politiques gouvernementales favorables, des investissements dans l'éducation et la formation professionnelle, ainsi que par la promotion d'une culture de l'excellence et du mérite. Lorsque les individus sont encouragés à donner le meilleur d'eux-mêmes, lorsque leurs efforts sont reconnus et récompensés, c'est toute la société qui en bénéficie, à travers une croissance économique plus forte, une société plus équitable et une meilleure qualité de vie pour tous.

En définitive, la promotion de l'innovation et du travail acharné n'est pas seulement une question d'économie, mais aussi de valeurs et de vision pour l'avenir. En investissant dans ces deux domaines, le Tchad peut ouvrir la voie à un développement durable et inclusif, où chaque individu a la possibilité de réaliser son plein potentiel et de contribuer au bien-être collectif.

Troisième partie

Construction de l'avenir tchadien

Sur les terres arides du Tchad, un nouvel espoir émerge,

Les chapitres du passé s'effacent devant un avenir prometteur,

Dans l'ombre des défis, une lumière brille,

Un avenir où chacun peut rêver.

Des stratégies pour une croissance durable,

Des emplois durables, une richesse partagée.

Sur la voie de l'essor économique,

Nous avançons ensemble vers un destin grandiose.

Des infrastructures solides soutiennent notre progression,

L'éducation, la santé, des piliers pour une société juste.

Dans le vent, résonne l'appel à protéger notre terre,

Une gouvernance transparente, une démocratie renforcée,

Les communautés autonomes partagent leurs richesses,

Dans la diversité, la vérité émerge.

L'égalité des sexes, la jeunesse en avant-garde,

Dans l'inclusion, l'harmonie prospère.

La coopération régionale ouvre la voie vers l'avenir,

Des partenariats internationaux renforcent notre essor.

Sur les pages de ce poème, s'inscrit notre engagement,

Pour un avenir radieux, une grandeur partagée, un destin commun.

Chapitre VII

Développement économique et infrastructures au Tchad

Dans le septième chapitre consacré au développement économique et aux infrastructures au Tchad, nous examinerons deux axes stratégiques : la première section se concentrera sur les stratégies visant à stimuler la croissance économique et à créer des emplois durables, tandis que la seconde mettra en lumière l'amélioration des infrastructures essentielles pour soutenir le développement national.

Section 1

Stratégies pour stimuler la croissance économique et créer des emplois durables

Pour stimuler la croissance économique et favoriser la création d'emplois durables au Tchad, un ensemble d'actions ambitieuses et mesurables peut être envisagé, avec des investissements significatifs et des exemples concrets dans plusieurs domaines clés.

Tout d'abord, le développement de l'agriculture offre un potentiel immense pour dynamiser l'économie. En investissant massivement dans l'irrigation, la mécanisation et la formation des agriculteurs, le Tchad pourrait accroître sa production alimentaire et réduire sa dépendance aux importations. Par exemple, en allouant un budget de 600 millions de dollars sur cinq ans à la modernisation de l'agriculture, le pays pourrait non seulement améliorer la sécurité alimentaire, mais aussi créer des milliers d'emplois dans les zones rurales. Dans le secteur de l'énergie, le Tchad dispose d'un potentiel solaire considérable qui reste largement inexploité. En investissant dans des projets d'énergie solaire à grande échelle, le pays pourrait répondre à sa demande croissante en électricité tout en développant une industrie des énergies renouvelables. Par exemple, en investissant 850 millions de dollars sur cinq ans dans des centrales solaires, le Tchad pourrait non seulement fournir de l'électricité à des millions de foyers, mais aussi créer des emplois dans la construction, l'entretien et la gestion des infrastructures énergétiques.

En ce qui concerne l'éducation et la formation professionnelle, des investissements supplémentaires sont nécessaires pour préparer la main-d'œuvre aux emplois du futur. En modernisant les programmes éducatifs et en renforçant les partenariats entre les établissements d'enseignement et les entreprises, le Tchad pourrait garantir que sa population dispose des compétences nécessaires pour réussir sur le marché du travail mondial. Par exemple, en investissant 500 millions de dollars sur cinq ans dans des programmes de formation professionnelle axés sur les métiers de demain, le pays pourrait créer une force de travail qualifiée et adaptable, capable de soutenir une économie diversifiée et en croissance.

Pour développer le tourisme, le Tchad dispose d'un potentiel considérable en matière de richesses naturelles et culturelles. En investissant dans les infrastructures touristiques, la promotion des sites touristiques et la formation du personnel hôtelier, le pays pourrait attirer un flux croissant de visiteurs internationaux, créant ainsi des emplois dans l'industrie du tourisme et dans les secteurs connexes tels que la restauration et l'artisanat. Par exemple, en investissant 450 millions de dollars sur cinq ans dans le développement touristique, le Tchad pourrait créer des milliers d'emplois dans les régions les plus reculées du pays, offrant ainsi des opportunités économiques aux communautés locales.

Enfin, pour améliorer le climat des affaires et lutter contre la corruption, des mesures drastiques doivent être prises pour renforcer l'État de droit et promouvoir la transparence. En investissant dans des institutions anticorruption, des mécanismes de surveillance et des réformes juridiques, le Tchad pourrait créer un environnement des affaires plus stable et plus prévisible, attirant ainsi les investissements nationaux et étrangers. Par exemple, en investissant 300 millions de dollars sur cinq ans dans des programmes de lutte contre la corruption, le pays pourrait améliorer sa réputation sur la scène internationale et encourager les investissements étrangers.

En combinant ces différentes mesures et en les mettant en œuvre de manière coordonnée et efficace, le Tchad pourrait réaliser son potentiel de croissance économique et créer des opportunités d'emplois durables pour sa population. Ces investissements stratégiques représentent un engagement à long terme dans le développement socio-économique du pays, visant à renforcer sa position sur la scène économique mondiale et à améliorer la qualité de vie de ses citoyens.

Section 2

Amélioration des infrastructures essentielles pour soutenir le développement national

Pour favoriser l'essor économique et améliorer la qualité de vie au Tchad, il est indispensable de concentrer les efforts sur l'amélioration des infrastructures essentielles. Ces fondations sont cruciales pour dynamiser les échanges, renforcer la connectivité nationale et régionale, et stimuler la croissance économique.

Au premier plan, le développement des réseaux routiers s'impose comme une nécessité. Dans un pays aussi vaste que le Tchad, des investissements considérables doivent être engagés pour moderniser et élargir les principales voies de circulation. Ceci facilitera le déplacement des biens et des personnes à travers le pays, réduira les coûts logistiques et ouvrira de nouvelles opportunités commerciales à la fois sur le marché local et sur celui international.

En complément, les infrastructures aéroportuaires nécessitent une attention particulière pour faciliter les échanges commerciaux avec les pays voisins et au-delà. La modernisation et l'expansion des aéroports existants sont impératives pour répondre à la demande croissante de voyages aériens et de fret.

Parallèlement, le secteur de l'énergie doit être renforcé. Le Tchad détient un potentiel énergétique considérable, notamment dans le solaire et l'éolien. Des investissements dans ces sources d'énergie renouvelable permettraient de diversifier le mix énergétique du pays, garantissant ainsi un approvisionnement fiable en électricité et réduisant sa dépendance aux combustibles fossiles.

De même, l'accès à l'eau potable et à des systèmes d'assainissement adéquats est crucial pour la santé et le bien-être des populations. Des investissements ciblés dans ces domaines amélioreraient les conditions de vie et de santé des habitants, tout en favorisant le développement économique des zones concernées.

Enfin, le renforcement des infrastructures de télécommunication est essentiel pour connecter le Tchad au reste du monde et promouvoir l'accès à l'information et aux technologies de communication. L'expansion des réseaux de fibre optique et des services de télécommunication favoriserait le développement des technologies de l'information et de la communication (TIC) et faciliterait l'accès aux services financiers, à l'éducation en ligne et aux opportunités d'emploi à distance.

En somme, l'amélioration des infrastructures majeures est un pilier fondamental du développement national au Tchad. Des investissements stratégiques dans les routes, les aéroports, l'énergie, l'eau, l'assainissement et les télécommunications sont indispensables pour stimuler la croissance économique, réduire la pauvreté et améliorer les conditions de vie de la population. Ces initiatives doivent être accompagnées de politiques efficaces de planification, de gestion et de maintenance pour assurer leur durabilité et leur impact à long terme.

Chapitre VIII

Éducation, santé et bien-être au Tchad

Dans le huitième chapitre portant sur l'éducation, la santé et le bien-être au Tchad, nous aborderons deux axes déterminants : la première section mettra l'accent sur le renforcement du système éducatif et sur l'accès équitable aux soins de santé de qualité, tandis que la seconde section traitera de l'investissement dans le bien-être et la formation des citoyens en vue d'un développement humain durable.

Section 1

Renforcement du système éducatif et accès équitable aux soins de santé de qualité

Au Tchad, la quête d'une éducation de qualité et de soins de santé adéquats constitue un défi multidimensionnel aux ramifications profondes et aux enjeux cruciaux pour le développement socio-économique du pays. Malgré les efforts louables déployés par le gouvernement, les organisations internationales et les acteurs locaux, de nombreux obstacles persistants entravent la réalisation d'avancées significatives dans ces domaines vitaux. Concernant l'éducation, bien que le taux brut de scolarisation dans le primaire ait enregistré une amélioration notable, atteignant 74,6 % en 2016, cette progression masque une réalité plus nuancée. En effet, le taux net de scolarisation demeure faible, ne dépassant pas les 42,5 %, ce qui témoigne des disparités criantes persistant dans l'accès à une éducation de qualité. Ces disparités sont exacerbées dans les régions rurales, où les infrastructures éducatives sont souvent défaillantes, voire inexistantes. Le manque d'écoles, de salles de classe adéquates et de matériel pédagogique compromet directement la qualité de l'enseignement dispensé, contribuant ainsi à perpétuer le cycle de la pauvreté et de l'ignorance.

Parallèlement, le secteur de la santé est confronté à des défis tout aussi préoccupants. Les statistiques récentes révèlent une pénurie alarmante de professionnels de la santé, avec un ratio de médecins bien en deçà des normes internationales pour une population de 18 millions d'habitants. Cette insuffisance de personnel médical qualifié se traduit par un accès limité aux services de santé primaires et une qualité de soins souvent inadéquate, surtout dans les régions éloignées. Les conséquences sont particulièrement dévastatrices pour les femmes enceintes et les enfants, avec un taux d'accouchement assisté par un personnel qualifié de seulement 39 %, mettant ainsi en lumière des lacunes manifestes en matière de santé maternelle et infantile.

En dépit des investissements réalisés dans la construction d'infrastructures médicales, l'accessibilité géographique reste un obstacle majeur pour de nombreux Tchadiens, en particulier ceux vivant dans les zones rurales reculées. Le manque d'infrastructures médicales adéquates, combiné à des problèmes d'accessibilité physique et financière, limite l'accès aux soins de santé essentiels et accentue les disparités en matière de santé entre les populations urbaines et rurales.

Dans ce contexte, il est impératif de prendre des mesures drastiques et coordonnées pour surmonter ces défis complexes. Cela inclut des investissements massifs dans les infrastructures éducatives et de santé, ainsi que dans le recrutement, la formation et la rétention de professionnels qualifiés. De plus, des programmes ciblés visant à améliorer l'accès aux services de santé primaires, à renforcer les capacités des systèmes de santé locaux et à sensibiliser la population à l'importance de l'éducation et de la santé sont indispensables pour créer un avenir plus prometteur pour tous les Tchadiens. En fin de compte, la réalisation de progrès significatifs dans ces domaines critiques contribuera non seulement à améliorer la qualité de vie des individus, mais aussi à stimuler le développement global et durable du Tchad.

Section 2

Investissement dans le bien-être et la formation des citoyens pour un développement humain durable

Investir dans le bien-être et la formation des citoyens pour un développement humain durable au Tchad est une entreprise complexe et vaste, qui nécessite une analyse approfondie et une action concertée sur de multiples fronts. Sur le plan éducatif, cela implique bien plus que la simple construction d'écoles et l'augmentation de l'accessibilité à l'éducation. Une réforme en profondeur du système éducatif est nécessaire pour le rendre plus adaptable aux besoins du marché du travail et aux réalités locales. Cela signifie non seulement repenser les programmes scolaires pour les rendre plus pertinents, mais aussi promouvoir l'éducation non formelle pour atteindre les populations les plus marginalisées. Il est crucial de reconnaître et de valoriser les savoirs traditionnels et locaux, qui sont souvent négligés dans les systèmes éducatifs conventionnels. En intégrant ces connaissances dans les programmes éducatifs, on encourage le respect de la culture locale tout en préparant les élèves aux défis du monde moderne.

En ce qui concerne la santé, les investissements doivent dépasser la simple construction d'infrastructures médicales. Il est impératif de renforcer les systèmes de santé pour garantir l'accès universel aux services de santé de base. Cela nécessite des politiques visant à lutter contre les maladies endémiques, à promouvoir des modes de vie sains et à sensibiliser la population aux enjeux de santé publique. En outre, il est fondamental d'investir dans la formation et le recrutement de professionnels de la santé afin de combler les lacunes en matière de personnel médical et de renforcer les capacités des établissements de santé. Dans le domaine de l'emploi, il est capital de créer un environnement propice à l'investissement privé et à la croissance économique. Cela passe par la mise en place de politiques fiscales et réglementaires favorables aux entreprises, ainsi que par le renforcement des infrastructures économiques et des services de soutien aux entreprises. Promouvoir l'innovation et l'entrepreneuriat est également crucial pour stimuler la création d'emplois et encourager le développement économique à long terme.

Enfin, la formation professionnelle doit être abordée de manière holistique pour répondre aux besoins spécifiques des différentes régions et communautés du pays. Cela implique la création de centres de formation spécialisés, la mise en place de programmes de formation sur mesure pour les secteurs émergents de l'économie, et le développement de partenariats public-privé pour garantir la pertinence et la qualité des programmes de formation.

Dans l'ensemble, investir dans le bien-être et la formation des citoyens est un investissement à long terme dans le capital humain du Tchad. Cela permettra de créer une société plus instruite, en meilleure santé et plus compétente, capable de relever les défis du développement durable et de prospérer dans un monde en constante évolution. Ces investissements sont essentiels pour assurer un avenir meilleur et plus prospère pour tous les Tchadiens.

Chapitre IX

Environnement et durabilité au Tchad

Dans ce chapitre, nous débuterons en examinant la première section, qui analyse les défis environnementaux et les initiatives de préservation au Tchad. Ensuite, nous passerons à la deuxième section, où des politiques et des actions seront présentées pour garantir la durabilité des ressources naturelles du pays.

Section 1

Analyse des défis environnementaux et des initiatives de préservation

Le Tchad, en plein cœur de l'Afrique, doit relever de nombreux défis environnementaux qui mettent en péril ses écosystèmes fragiles. Ces problèmes sont souvent aggravés par des facteurs tels que la désertification, le changement climatique, la déforestation et la croissance démographique.

La désertification affecte gravement le Tchad, l'un des pays les plus touchés en Afrique. Une grande partie de son territoire est composée de zones arides ou semi-arides, sujettes à la désertification. Ce phénomène découle principalement de la dégradation des terres due à une exploitation excessive des ressources naturelles, comme le surpâturage et la déforestation. Entre 1975 et 2010, le taux de déforestation au Tchad s'est élevé à environ 0,5 % par an, contribuant ainsi à aggraver la désertification. Le changement climatique représente une autre menace pour le Tchad, se manifestant par des sécheresses plus fréquentes et des précipitations irrégulières. Ces conditions climatiques extrêmes ont des répercussions importantes sur la sécurité alimentaire et les moyens de subsistance des populations locales, en particulier dans les zones rurales, où l'agriculture est primordiale. Entre 1960 et 2016, la température moyenne au Tchad a augmenté de 0,6 °C, entraînant des conséquences significatives sur les ressources en eau et les pratiques agricoles. La déforestation constitue également un défi majeur pour le pays, avec des effets dévastateurs sur la biodiversité et les communautés locales qui dépendent des forêts pour leur survie. Entre 1990 et 2020, le taux de déforestation au Tchad a été estimé à environ 0,7 % par an, principalement en raison de l'expansion de l'agriculture et de la production de charbon de bois. Cette déforestation contribue à la perte de biodiversité et à la dégradation des sols dans les écosystèmes forestiers.

Face à ces défis environnementaux, le Tchad a mis en place plusieurs initiatives de préservation pour protéger ses ressources naturelles et encourager un développement durable. Par exemple, le gouvernement tchadien a élaboré le Plan national d'adaptation aux changements climatiques (PNACC) afin de renforcer la résilience des communautés face aux effets du changement climatique. Ce plan comprend des mesures visant à améliorer la gestion des ressources en eau, à promouvoir des pratiques agricoles durables et à renforcer les systèmes d'alerte précoce pour les sécheresses et les inondations.

En outre, des organisations non gouvernementales telles que Conservation International et le Fonds mondial pour la nature collaborent avec les communautés locales pour mettre en œuvre des projets de conservation de la biodiversité et de restauration des écosystèmes. Par exemple, le projet Grande Muraille Verte vise à restaurer les terres dégradées et à lutter contre la désertification en plantant des arbres et en promouvant des pratiques agricoles durables dans les zones arides du Tchad et la région sahélienne.

Bien que confronté à des défis environnementaux majeurs tels que la désertification, le changement climatique et la déforestation, le Tchad met en œuvre des initiatives de préservation visant à atténuer ces problèmes et à promouvoir un développement durable dans le pays.

Section 2

Proposition de politiques et d'actions pour assurer la durabilité des ressources naturelles

Pour garantir la durabilité des ressources naturelles au Tchad, il est crucial de mettre en place un ensemble de politiques et d'actions coordonnées, appuyées par des informations pertinentes et des approches adaptées à la réalité locale. Tout d'abord, la gestion des ressources en eau revêt une importance cruciale dans un pays où l'agriculture est la principale source de subsistance pour une grande partie de la population. Il est nécessaire de développer des programmes de gestion intégrée des ressources en eau, en mettant l'accent sur une utilisation efficace et équitable de l'eau, notamment pour l'irrigation agricole. Cela implique la promotion de techniques d'irrigation modernes et efficaces, tels les systèmes d'irrigation au goutte-à-goutte, pour réduire le gaspillage d'eau et augmenter les rendements agricoles tout en préservant les ressources en eau pour les générations futures. En parallèle, il est essentiel de renforcer les infrastructures hydrauliques pour la collecte, le stockage et la distribution de l'eau, garantissant ainsi un accès fiable à l'eau pour les communautés rurales et urbaines.

De même, la conservation des sols et de la biodiversité est un enjeu majeur pour assurer la durabilité des ressources naturelles au Tchad. Les pratiques agricoles non durables, telles que le labour intensif et l'utilisation excessive de produits chimiques, ont entraîné une dégradation significative des sols et une perte de biodiversité dans de nombreuses régions du pays. Pour contrer ces tendances néfastes, il est primordial de promouvoir des pratiques agricoles durables telles que l'agroforesterie, la rotation des cultures et la gestion conservatoire des sols. Ces approches permettent de prévenir l'érosion, de maintenir la fertilité des sols et de favoriser la régénération naturelle de la biodiversité. De plus, la création de zones protégées et de réserves naturelles est nécessaire pour préserver les écosystèmes fragiles et garantir la survie des espèces menacées.

La gestion forestière durable est également un domaine d'action essentiel pour assurer la durabilité des ressources naturelles au Tchad. La déforestation incontrôlée, principalement due à l'expansion agricole, à la demande croissante de bois de chauffage et à l'exploitation forestière non réglementée, met en péril les écosystèmes forestiers et les moyens de subsistance des populations dépendant des forêts. Pour inverser cette tendance, il est nécessaire de mettre en place des politiques de gestion forestière durable qui favorisent la conservation des forêts existantes, la restauration des zones dégradées et la promotion de pratiques de gestion communautaire des forêts. En impliquant les populations locales dans la gestion et la conservation des ressources forestières, il est possible de garantir une utilisation durable des forêts tout en préservant leur valeur écologique et sociale.

Par ailleurs, le développement des énergies renouvelables représente une opportunité majeure pour réduire la pression sur les ressources naturelles au Tchad et atténuer les effets du changement climatique. En tirant parti de son abondance en ressources solaires et éoliennes, le pays peut diversifier son mix énergétique et réduire sa dépendance aux combustibles fossiles, tout en limitant les émissions de gaz à effet de serre. Cela nécessite des investissements importants dans les infrastructures et les technologies liées aux énergies renouvelables, ainsi que des efforts de sensibilisation et de formation pour promouvoir leur adoption à tous les niveaux de la société.

En outre, le renforcement des politiques de protection de l'environnement est indispensable pour garantir une utilisation durable des ressources naturelles au Tchad. Cela passe par le renforcement de la législation environnementale et des mécanismes de contrôle pour prévenir les pratiques destructrices telles que la déforestation illégale, la pollution des cours d'eau et la surexploitation des ressources naturelles. Il est également important de promouvoir des pratiques industrielles et commerciales respectueuses de l'environnement, en encourageant l'adoption de technologies propres et l'écoconception des produits. Enfin, il est crucial d'impliquer les populations locales dans la surveillance et la protection de l'environnement, en favorisant la participation citoyenne et la mobilisation de la société civile.

En somme, la durabilité des ressources naturelles au Tchad nécessite une approche holistique et intégrée, impliquant des politiques et des actions dans les domaines de la gestion de l'eau, de la conservation des sols et de la biodiversité, de la gestion forestière durable, du développement des énergies renouvelables et de la protection de l'environnement. En adoptant une approche équilibrée qui prend en compte les besoins économiques, sociaux et environnementaux, le Tchad peut progresser vers un avenir où les ressources naturelles sont utilisées de manière responsable et équitable au bénéfice des générations présentes et futures.

Chapitre X

Gouvernance démocratique et transparence au Tchad

Pour introduire ce chapitre, nous examinerons d'abord la première section, qui met en lumière les réformes politiques visant à renforcer la gouvernance démocratique au Tchad. Ensuite, nous nous concentrerons sur la deuxième section, qui explore l'implication citoyenne et la transparence dans la gestion des affaires publiques.

Section 1

Réformes politiques pour renforcer la gouvernance démocratique

Depuis son accession à l'indépendance en 1960, le Tchad a traversé un parcours politique tumultueux, marqué par une série de défis et de transitions qui ont façonné son paysage politique. Ces défis, souvent enracinés dans les divisions ethniques, régionales et politiques profondes, ont été exacerbés par des élites politiques qui ont exploité ces divisions à des fins de pouvoir. Les trois premières décennies post-indépendance ont été marquées par une succession de coups d'État, de conflits armés internes et de régimes autoritaires, notamment sous la gouvernance de Hissène Habré, dont le règne a été marqué par des violations massives des droits de l'homme.

La rébellion de 1990, menée par Idriss Déby, a renversé le régime de Habré et a ouvert la voie à une transition vers la démocratie. Cependant, cette transition n'a pas été sans heurts. Les conflits armés persistants, les divisions politiques et les défis économiques majeurs ont entravé les progrès vers une gouvernance démocratique stable. Malgré les réformes politiques entreprises dans la seconde moitié des années 1990, telles que l'adoption d'une nouvelle Constitution et la tenue d'élections multipartites, la consolidation démocratique est restée un processus complexe et souvent fragile.

Les élections présidentielles et législatives organisées au cours des deux dernières décennies ont été entachées par des allégations de fraude électorale, de manipulation politique et de violences politiques, sapant ainsi la légitimité des institutions démocratiques du pays. En outre, la corruption généralisée, le népotisme et le clientélisme ont miné la confiance du public dans le gouvernement et ont entravé les efforts visant à promouvoir la transparence et la responsabilité.

Les récentes réformes politiques entreprises par le gouvernement tchadien cherchent à répondre à ces défis en renforçant la gouvernance démocratique, en luttant contre la corruption et en promouvant la participation citoyenne. Cependant, l'efficacité de ces réformes dans la résolution des problèmes profonds reste à prouver, et des critiques persistent quant à leur mise en œuvre et leur impact réel sur la vie quotidienne des citoyens tchadiens.

En fin de compte, une analyse critique des réformes politiques au Tchad souligne la nécessité d'un engagement sincère envers la démocratie, l'État de droit et la justice sociale pour surmonter les défis historiques du pays et construire un avenir plus juste, inclusif et prospère pour tous les Tchadiens. Cela exige non seulement des réformes institutionnelles et législatives, mais aussi un changement culturel profond qui valorise la participation citoyenne, la diversité et le respect des droits de l'homme.

Section 2

Implication citoyenne et transparence dans la gestion des affaires publiques

Le Tchad a mis en place un cadre juridique qui vise théoriquement à favoriser la transparence et à encourager la participation citoyenne. Sa Constitution reconnaît les droits fondamentaux tels que la liberté d'expression, la liberté de la presse et le droit à l'information. De plus, la loi sur la liberté d'accès à l'information publique (LLAIP) est conçue pour permettre aux citoyens d'accéder aux informations détenues par les institutions publiques. Cependant, malgré ces avancées législatives, des obstacles persistent dans la mise en œuvre de ces lois. Les infrastructures nécessaires pour faciliter l'accès à l'information sont souvent insuffisantes, et les organes de contrôle manquent parfois de volonté politique pour garantir la transparence.

Dans le contexte économique, une gestion transparente des ressources publiques est requise pour le développement du Tchad, un pays riche en ressources naturelles telles que le pétrole. Pourtant, la gestion de ces ressources a souvent été marquée par des accusations de corruption et de mauvaise gouvernance, mettant en évidence la nécessité urgente de réformes pour garantir la transparence dans ce secteur crucial.

Du point de vue politique, une participation citoyenne active est cruciale pour assurer une gouvernance démocratique et responsable. Malgré les élections libres et équitables, le Tchad fait face à des défis persistants tels que des restrictions à la liberté d'expression, des allégations de fraude électorale et des obstacles à une participation politique équitable. Ces défis soulignent le besoin de réformes politiques visant à créer un environnement politique inclusif et à garantir la représentation de tous les citoyens dans les processus décisionnels. Sur le plan social, une implication citoyenne active et une transparence dans la gestion des affaires publiques sont indispensables pour assurer la justice sociale et protéger les droits des citoyens. Les politiques publiques doivent être élaborées de manière transparente et participative, et prendre en compte les besoins de toutes les couches de la société, y compris les groupes marginalisés tels que les femmes, les jeunes et les communautés rurales.

En résumé, l'implication citoyenne et la transparence dans la gestion des affaires publiques sont des éléments fondamentaux d'une gouvernance démocratique et du développement durable au Tchad. Des réformes significatives sont nécessaires dans ces domaines pour renforcer la responsabilité gouvernementale, promouvoir la participation citoyenne et garantir la transparence dans la gestion des ressources publiques.

Chapitre XI

Autonomisation des communautés et inclusion au Tchad

Dans ce chapitre, nous entamerons notre exploration en mettant en lumière la première section, qui traite du renforcement des capacités des communautés locales en vue de favoriser leur autonomie de développement au Tchad. Ensuite, nous nous pencherons sur la deuxième section, qui explore la promotion de l'égalité des sexes et l'engagement des jeunes dans la vie nationale.

Section 1

Renforcement des capacités des communautés locales pour un développement autonome

Le renforcement des capacités des communautés locales pour un développement autonome au Tchad représente bien plus qu'une simple initiative ; c'est un pilier fondamental pour l'avenir durable du pays. Cette approche ambitieuse repose sur la conviction profonde que les communautés locales détiennent les clés de leur propre développement et qu'en les autonomisant, elles peuvent non seulement identifier leurs besoins, mais également élaborer et mettre en œuvre des solutions viables et adaptées à leur réalité locale.

La première étape de ce processus complexe et enrichissant réside dans l'engagement direct avec les communautés locales. Par le biais d'enquêtes participatives, de réunions communautaires et de consultations directes, il est essentiel de comprendre de manière approfondie les besoins prioritaires de chaque communauté. Cette approche ascendante garantit que les initiatives de développement émanent véritablement des communautés, sont ancrées dans leur réalité et alimentées par leurs aspirations collectives. Une fois les besoins identifiés, l'accent est mis sur le renforcement des compétences des membres de la communauté. Des programmes de formation polyvalents sont déployés, couvrant une gamme diversifiée de sujets allant de la gestion des ressources naturelles à l'entrepreneuriat local, en passant par la santé et l'éducation. Ces formations visent à doter les membres de la communauté des compétences techniques et des connaissances nécessaires pour concevoir, exécuter et gérer efficacement des projets de développement durable.

Mais le renforcement des capacités ne s'arrête pas là. Il s'agit également de garantir l'accès équitable et inclusif aux ressources nécessaires à la concrétisation des initiatives de développement. Cela comprend l'accès à des financements adaptés, à des technologies appropriées, à des partenariats solides avec des organisations locales et internationales, ainsi qu'à des infrastructures de soutien indispensables telles que des réseaux de transport et de communication. Un autre aspect crucial de cette démarche est la promotion de la participation communautaire. Cela va bien au-delà de la simple consultation ; il s'agit de créer des structures de gouvernance locale inclusives, de favoriser la représentation équilibrée des femmes et des groupes marginalisés, et de cultiver un environnement propice à l'expression des voix communautaires. En plaçant les communautés au cœur du processus décisionnel, les initiatives de développement deviennent véritablement des entreprises collectives, dynamisées par la diversité des perspectives et des expériences.

Enfin, le suivi et l'évaluation jouent un rôle de premier ordre dans cette démarche. Un suivi régulier et une évaluation continue permettent de mesurer l'impact des initiatives de renforcement des capacités et d'identifier les ajustements nécessaires pour garantir leur efficacité à long terme. Cela permet également d'assurer que les projets restent alignés sur les besoins évolutifs des communautés, renforçant ainsi leur résilience et leur autonomie.

En adoptant une approche holistique et participative du renforcement des capacités des communautés locales, le Tchad peut aspirer à un avenir plus prometteur. Un avenir où le développement est véritablement porté par les communautés, ancré dans leurs besoins et leurs aspirations, et façonné par leur propre vision d'un avenir durable et prospère.

Section 2

Promotion de l'égalité des sexes et de la participation des jeunes dans la vie nationale

La promotion de l'égalité des sexes et de la participation des jeunes dans la vie nationale est un impératif incontestable pour le Tchad, non seulement en matière de justice sociale, mais également pour garantir un développement durable et prospère à long terme. Cette démarche transcende les simples objectifs de politique publique pour devenir une véritable vision de société, où chaque individu, indépendamment de son sexe ou de son âge, est pleinement reconnu, valorisé et intégré dans les processus de prise de décision et de développement. L'égalité des sexes constitue un pilier fondamental de cette vision. En effet, les inégalités persistantes en matière d'accès à l'éducation, à la santé, à l'emploi et à la participation politique entravent non seulement le plein potentiel des femmes, mais limitent également le développement global du pays. Par conséquent, il est impératif de s'attaquer aux barrières structurelles qui entravent l'autonomisation des femmes, en adoptant des politiques et des lois favorables à l'égalité des sexes et en renforçant les capacités des femmes pour accéder aux opportunités économiques et politiques.

De même, la participation active des jeunes est une composante essentielle de cette vision. Avec près de 69 % de la population tchadienne âgée de moins de 30 ans, les jeunes représentent un formidable réservoir de talents, d'idées et d'énergie créatrice. Toutefois, leur pleine participation à la vie nationale est souvent entravée par des obstacles tels que le chômage, la pauvreté et le manque d'accès à l'éducation et à la formation. Ainsi, il est impératif de créer des opportunités tangibles d'éducation, d'emploi, d'entrepreneuriat et de participation civique pour les jeunes, tout en les impliquant activement dans les processus décisionnels et la formulation de politiques qui les affectent directement.

L'éducation et la sensibilisation jouent un rôle central dans la concrétisation de cette vision. En intégrant l'éducation à l'égalité des sexes et aux droits des jeunes dans les programmes scolaires, en menant des campagnes de sensibilisation pour lutter contre les stéréotypes de genre et les discriminations, et en sensibilisant les décideurs politiques et les leaders communautaires à l'importance de l'inclusion et de la diversité, le Tchad peut créer un environnement propice à l'épanouissement de tous ses citoyens. Enfin, pour garantir la réalisation effective de cette vision, le Tchad doit créer des opportunités économiques et politiques équitables pour tous. Cela implique de promouvoir l'entrepreneuriat féminin, d'accorder aux femmes et aux jeunes un accès équitable aux financements et aux ressources économiques, et de garantir leur représentation équilibrée dans les institutions politiques.

En adoptant une approche intégrée et inclusive de la promotion de l'égalité des sexes et de la participation des jeunes, le Tchad peut aspirer à un avenir plus juste, plus équitable et plus prospère pour l'ensemble de sa population.

Chapitre XII

Coopération régionale et internationale pour le Tchad

Ce dernier chapitre débutera en examinant la première section, qui aborde la collaboration avec les pays voisins pour relever les défis communs du Tchad. Par la suite, nous nous focaliserons sur la deuxième section, qui explore l'établissement de partenariats internationaux pour soutenir le développement durable du pays.

Section 1

Collaboration avec les pays voisins pour relever les défis communs

La collaboration avec les pays voisins pour relever les défis communs représente bien plus qu'une simple stratégie pour le Tchad ; c'est un impératif vital pour assurer sa sécurité, sa stabilité et son développement économique et social à long terme. Cette approche repose sur une reconnaissance profonde des interconnexions et des interdépendances entre les nations voisines, ainsi que sur la compréhension mutuelle des défis partagés et des opportunités de coopération qui en découlent.

Premièrement, la collaboration régionale renforce la sécurité et la stabilité dans la région. Le Tchad partage des frontières avec plusieurs pays, notamment le Nigeria, le Niger, le Soudan, le Cameroun et la République centrafricaine, où des défis sécuritaires tels que le terrorisme, la criminalité transnationale et les conflits armés peuvent avoir des répercussions dévastatrices sur la stabilité du Tchad. En travaillant main dans la main pour renforcer les capacités de sécurité, échanger des renseignements et coordonner les opérations, les pays voisins peuvent mieux prévenir et contrer ces menaces communes, assurant ainsi la sécurité de la région dans son ensemble.

Deuxièmement, la collaboration régionale favorise le développement économique et social en créant des opportunités de coopération et de croissance partagées. Les pays voisins partagent souvent des ressources naturelles, des infrastructures et des marchés, ce qui crée un terreau fertile pour la coopération économique mutuellement bénéfique. Par exemple, en investissant dans des projets d'infrastructures transfrontalières telles que des routes, des ponts et des lignes de chemin de fer, les pays voisins peuvent faciliter le commerce régional et stimuler la croissance économique dans toute la région. De plus, une coopération dans des secteurs clés tels que l'agriculture, l'énergie et le tourisme peut contribuer à améliorer les moyens de subsistance et le bien-être des populations locales, créant ainsi un cercle vertueux de prospérité partagée.

Troisièmement, la collaboration régionale renforce la résilience face aux défis environnementaux et climatiques qui menacent la région. Les pays voisins du Tchad partagent des écosystèmes fragiles, tels que le lac Tchad et le bassin du fleuve Chari, qui sont vulnérables aux changements climatiques, à la dégradation des terres et à la pénurie d'eau. En unissant leurs efforts pour préserver ces précieuses ressources naturelles, promouvoir une gestion durable des terres et des ressources en eau, et mettre en œuvre des stratégies d'adaptation aux changements climatiques, les pays voisins peuvent renforcer leur résilience collective face à ces défis environnementaux urgents, garantissant ainsi la durabilité à long terme de la région.

Enfin, la collaboration régionale favorise la paix, la stabilité et la coopération politiques entre les nations voisines. En établissant des mécanismes de dialogue et de résolution des conflits, en encourageant les échanges culturels et humains, et en promouvant la confiance et la compréhension mutuelles entre les peuples, la coopération régionale peut contribuer à prévenir les tensions et les conflits entre les pays voisins. Au lieu de cela, elle favorise la coopération pacifique et le développement mutuel, engendrant ainsi un environnement propice à la prospérité et à la stabilité de toute la région. La collaboration avec les pays voisins est bien plus qu'une simple nécessité stratégique pour le Tchad ; c'est une opportunité à saisir pour construire un avenir plus sûr, plus prospère et plus durable pour l'ensemble de la région.

En travaillant ensemble pour relever les défis communs, les pays voisins peuvent non seulement renforcer leur sécurité, stimuler leur développement économique et social, protéger leur environnement, mais également promouvoir la paix et la stabilité dans toute la région, assurant ainsi un avenir meilleur pour les générations à venir.

Section 2

Établissement de partenariats internationaux pour soutenir le développement durable du Tchad

L'établissement de partenariats internationaux pour soutenir le développement durable du Tchad est une démarche d'une importance capitale dans le paysage mondial actuel. Ces partenariats sont des vecteurs essentiels pour catalyser le progrès et l'innovation dans plusieurs domaines clés, allant de la lutte contre la pauvreté à la préservation de l'environnement en passant par le renforcement des capacités institutionnelles.

Sur le plan financier, les partenariats internationaux offrent au Tchad l'occasion de mobiliser des ressources substantielles pour financer ses initiatives de développement. Par exemple, des accords de prêt et de subvention avec des institutions financières internationales comme la Banque mondiale ou la Banque africaine de développement permettent d'investir dans des projets d'infrastructures critiques, tels que des routes, des systèmes d'approvisionnement en eau et des installations sanitaires, qui sont essentiels pour stimuler la croissance économique et améliorer le bien-être des citoyens. En 2020, le Tchad a bénéficié d'un financement de 15 millions de dollars de la Banque mondiale pour des projets d'infrastructures visant à améliorer l'accessibilité dans les zones rurales et à renforcer les capacités de résilience aux changements climatiques.

En outre, les partenariats internationaux offrent un accès précieux à une expertise technique et à des connaissances spécialisées. Par le biais de collaborations avec des organisations internationales telles que l'Organisation mondiale de la santé (OMS) ou le Programme des Nations Unies pour le développement (PNUD), le Tchad peut bénéficier de conseils et de soutien dans des domaines aussi variés que la santé publique, l'éducation, l'agriculture durable et la gouvernance. Cette assistance technique renforce les capacités nationales et contribue à l'efficacité des politiques et des programmes de développement. Par exemple, grâce à un partenariat avec l'OMS, le Tchad a mis en place des programmes de vaccination qui ont permis de réduire considérablement la prévalence de maladies telles que la polio et la rougeole.

Par ailleurs, les partenariats internationaux favorisent le partage des meilleures pratiques et des leçons apprises à l'échelle mondiale. En participant à des forums internationaux et à des réseaux de collaboration, le Tchad peut échanger des expériences avec d'autres pays confrontés à des défis similaires, identifiant ainsi des solutions novatrices et adaptées à son contexte local. Par exemple, des partenariats avec des initiatives régionales telles que l'Initiative pour la transparence dans les industries extractives (ITIE) permettent d'améliorer la gouvernance et la transparence dans le secteur des ressources naturelles.

En somme, les partenariats internationaux sont des moteurs essentiels du développement durable au Tchad, offrant des opportunités uniques de mobiliser des ressources financières, de renforcer les capacités techniques et institutionnelles, et de partager des connaissances et de meilleures pratiques à l'échelle mondiale. En cultivant ces partenariats de manière proactive et stratégique, le Tchad peut accélérer sa marche vers un avenir plus prospère, plus équitable et plus durable pour l'ensemble de sa population.

Conclusion

En clôturant cette exploration approfondie de l'avenir du Tchad, il est clair que le chemin vers la prospérité et le développement est pavé de défis, mais aussi d'opportunités. À travers chaque chapitre, nous avons plongé dans les méandres de l'histoire, de la société et des enjeux contemporains du Tchad, avec pour objectif ultime d'identifier les voies vers un avenir meilleur.

Nous avons examiné les fondements historiques et géopolitiques du pays, analysé les structures sociales, économiques et politiques en place, et identifié les principaux défis et enjeux auxquels la nation est confrontée aujourd'hui. Mais surtout, nous avons tracé un chemin vers un avenir prospère en mettant en lumière les valeurs fondamentales nécessaires pour le changement, telles que le patriotisme, la réconciliation, la justice sociale et l'innovation. Nous avons également exploré les piliers indispensables sur lesquels construire cet avenir : le développement économique, l'éducation, la santé, l'environnement, la gouvernance démocratique et la coopération régionale et internationale. À travers ces domaines, nous avons identifié des stratégies et des actions concrètes pour surmonter les obstacles et créer un environnement propice à la croissance, à l'inclusion et à la durabilité. Mais au-delà des analyses et des recommandations, il est crucial de reconnaître que le succès de ces initiatives dépendra de l'engagement et de la collaboration de tous les acteurs concernés, qu'ils soient au sein du gouvernement, de la société civile, du secteur privé ou de la communauté internationale. Il faudra une volonté politique forte, une vision partagée et un dévouement sans faille pour transformer ces aspirations en réalités.

En fin de compte, ce livre n'est pas seulement un document d'analyse, il est aussi un appel à l'action. C'est un rappel que l'avenir du Tchad repose entre nos mains, et que chaque citoyen, chaque leader et chaque partenaire international a un rôle à jouer dans la construction d'un avenir plus juste, plus prospère et plus pacifique pour tous.

Ainsi, que ce livre serve de guide, d'inspiration et de catalyseur pour des efforts concertés visant à réaliser le plein potentiel du Tchad. Car ensemble, avec détermination et solidarité, nous pouvons transformer les défis en opportunités et faire du rêve d'un avenir meilleur une réalité tangible pour les générations à venir.

Postface

C'est avec un immense honneur et une profonde humilité que j'ai accepté d'écrire cette postface pour l'ouvrage remarquable de Beckri Hammid Haggar Djougourou, À la recherche d'un Tchad meilleur ? Notre rencontre lors de la 13e session annuelle de formation sur « L'environnement et le droit international des droits de l'homme » à Dakar a marqué le début d'une collaboration et d'une amitié basées sur des idéaux communs et une vision partagée, non seulement pour un Tchad prospère et juste, mais aussi pour une Afrique libre et florissante.

Ce livre est bien plus qu'une simple compilation de réflexions et d'analyses ; il constitue un véritable appel à l'action et une feuille de route vers un Tchad plus fort, reposant sur des institutions robustes et des principes de gouvernance éthique. L'œuvre explore avec une rigueur intellectuelle impressionnante les défis historiques et actuels du Tchad, tout en offrant des solutions pragmatiques et visionnaires pour construire un avenir meilleur.

Ce qui distingue cet ouvrage est sa capacité à intégrer diverses perspectives et à proposer des réformes englobant les aspects politiques, économiques, sociaux et culturels. L'auteur propose une vision holistique, promouvant une véritable inclusion sociale et une égalité des chances pour tous les citoyens tchadiens. Cette approche inclusive est essentielle pour la cohésion nationale et le développement durable.

À travers ses pages, l'auteur nous rappelle que la construction d'une nation forte et résiliente repose sur des institutions solides et transparentes, un système judiciaire équitable, et une gouvernance fondée sur l'éthique et la justice. Il met en avant l'importance de l'éducation, de la science et de l'innovation en tant que piliers du développement durable et du progrès socio-économique. Sa vision est celle d'un Tchad où chaque individu peut réaliser son potentiel et contribuer au bien-être collectif.

Cet ouvrage est aussi un vibrant appel à l'engagement citoyen. L'auteur exhorte les Tchadiens à participer activement à la construction de leur nation, à s'impliquer dans les processus décisionnels et à défendre les valeurs de dignité, de mérite et d'intégrité. Ce message puissant résonne pour quiconque aspire à un Tchad où la voix de chaque citoyen compte et où l'engagement collectif pave la voie vers un avenir lumineux.

En terminant ce livre, nous ne pouvons qu'être inspirés par la passion et la détermination de l'auteur. Son œuvre est une source précieuse de savoir et de motivation pour tous ceux qui croient en un Tchad meilleur. Au-delà du Tchad, je suis convaincu que ses idées et recommandations auront un impact durable sur notre continent africain et sur les générations futures.

Je tiens à exprimer ma gratitude à Beckri Hammid Haggar Djougourou pour sa confiance et pour l'opportunité d'ajouter ma voix à ce noble projet. À la recherche d'un Tchad meilleur ? est plus qu'un livre ; c'est un mouvement, un espoir et une promesse pour un avenir de développement, de justice et de paix pour le Tchad.

Dr Jean PAUL,

ancien ministre de la République et consultant expert en élaboration de stratégies de mobilisation de ressources financières auprès de l'ONU.

Références bibliographiques

- ✓ *Le Tchad des origines à nos jours*, Gérard Prunier, Éditions du Jaguar, 1997
- ✓ *Au Tibesti (Carnet du Tchad)*, lettre adressée au professeur Jean Merly, ethnologue, le 14 décembre 1977, par Jean Schneider, Coopération française
- ✓ *Survivre aux crises*, Jacques Attali, Fayard, 2009
- ✓ « La dimension régionale de l'intervention de renforcement de l'État », Brast Benjamin (2015), *Journal of International Peacekeeping*, vol. 22, pp. 81-99
- ✓ *L'État en Afrique. La politique du ventre*, Jean-François Bayart, Fayard, 1989, nouvelle édition augmentée en 2006
- ✓ « Tchad : pétrole et développement », Jérôme Tubiana, in revue *Politique africaine*, Presses de Sciences Po, 2013
- ✓ *Tchad : les partis politiques et les mouvements d'opposition armés de 1990 à 2012. Le multipartisme ou*

les fractions sociales, Bichara Idriss Haggar, Éditions L'Harmattan, 2015

- ✓ « Les défis de la gouvernance au Tchad », Roland Marchal, in *Afrique contemporaine*, 2003
- ✓ *L'État importé. Essai sur l'occidentalisation de l'ordre politique*, Bertrand Badie, Fayard, 1992
- ✓ « Les enjeux sécuritaires au Tchad », Marielle Debos, in *Cahiers d'études africaines*, Éditions de l'EHESS
- ✓ *Tchad : le réveil diplomatique 1990-2020*, Ahmat Absakine Yérima, Éditions Proximité, 2020
- ✓ *Tchad : des rebelles aux seigneurs de guerre, la désagrégation de l'armée nationale*, Mahamat Saleh Yacoub, N'Djamena, éditions Al-Mouna, 2005
- ✓ *Les gouvernements du Tchad : de Gabriel Lisette à Idriss Deby Itno (1957-2010)*, Arnaud Digammadji de Parsamba, éditions L'Harmattan, 2010
- ✓ *Histoire du Tchad*, Mahamat Adamou, L'Harmattan, 2003
- ✓ « Les sociétés africaines face à l'État », Jean-François Bayart, *Pouvoirs*, n° 25, avril 1983, pp. 23-39
- ✓ « Tchad : économie, société, culture », in *Afrique contemporaine*, L'Harmattan
- ✓ « Tchad : une mosaïque culturelle luttant pour l'unité », Salem Solomon, *The Africa Report*, 2018
- ✓ *Solutions pour un Sénégal nouveau*, Ousmane Sonko, L'Harmattan
- ✓ *L'esprit des lois*, C.-S. Montesquieu, Genève, Barrillot et fils, 1748

- ✓ Constitution tchadienne du 14 avril 1996
- ✓ Décret n° 523/PR/PM/SGG/2004 portant cahier des clauses administratives générales applicables aux marchés publics de travaux passés au nom de l'État du Tchad
- ✓ Traité de la juridiction administrative et des recours contentieux par E. Laferrière, 1887
- ✓ *Le contrôle de l'administration et la protection des citoyens. Étude comparative*, G. Braibant, N. Questiaux, C. Wiener, Paris, Cujas, 1973
- ✓ « Formation d'alliances et équilibre du pouvoir mondial », Walt Stephan, in *Sécurité Internationale*, vol. 9, 1985
- ✓ *La commission du bassin du lac Tchad et le processus de la Gire*, Tam Lambert, Dakar, 2004
- ✓ *La politique de paix du Nigeria au Tchad*, Bola Akinterinwa A., Institut nigérian des affaires internationales, 1987
- ✓ *Leadership libéral : les grandes puissances et leurs challengers dans la paix et la guerre*, Brawley Mark R., Cornell University Press, 1993
- ✓ « Pourquoi le Tchad s'engage dans la lutte contre Boko Haram », Christophe Châtelot, *Le Monde*, 2015
- ✓ *Finances publiques*, Gaston Jeze, Paris, éditions Thémis, PUF, 1970
- ✓ « La fiscalité tchadienne et ses problèmes », Dogtel N'Doyal Bolkemna, thèse de doctorat, Université de Grenoble, 1987

- ✓ « La situation économique et sociale du Tchad de 1900 à 1960 », Abdoulaye Abakar Kassambara, Université de Strasbourg, 2010
- ✓ *Fiscalité et politique : les redevances coutumières au Tchad, 1900-1956*, Claude Durand, L'Harmattan, Paris, 1995
- ✓ *La fiscalité pétrolière des États membres de la CEMAC*, Albert Léonard, L'Harmattan, 2008
- ✓ *La fiscalité dans tous ses États*, Hamid Fall, L'Harmattan, 2017
- ✓ *L'influence du droit de l'OHADA sur le recouvrement des créances fiscales*, Obissi Elie Ruffin, 2004
- ✓ *Précis de fiscalité des entreprises*, par Cozian, Deboisy, Chadefaux, Litec
- ✓ *Les grands principes de la fiscalité des entreprises*, par Cozian (M.), Litec, 1999
- ✓ *Les stratégies fiscales internationales. Optimisation fiscale internationale pour les entreprises*, Patrick Rassat, Thierry Lamorlette, Thibault Camelli, Maxima, 2010
- ✓ *Prix de transfert dans les groupes internationaux : comment réduire le risque fiscal ?*, Harci, Mourad, La croisée des chemins, 2020
- ✓ Tchad : consultation de 2011 au titre de l'article IV par FMI (2011), Rapport du FMI, n° 11/302
- ✓ Plan d'action pour renforcer les capacités de la Direction générale du Budget 2009-2012, Ministère des Finances et du Budget, 2009

- ✓ Observatoire du marché des télécommunications pour l'année 2012
- ✓ Cinquante ans d'indépendance : quel bilan économique et financier ?, Ministère des Finances et du Budget, 2010
- ✓ « N'Djamena-Bihebdo : les 48 ans du Tchad », *L'hebdomadaire*, n° spécial du 11 août 2008
- ✓ *Le Tchad sur la voie de la renaissance*, Abdoulaye Ngardiguina, L'Harmattan, 2012
- ✓ *Le métier des armes au Tchad*, Debos Marielle, Paris, Karthala, 2013
- ✓ « Les États fragiles en Afrique, un paradigme utile pour l'action ? », Rapport de conférence, Didimala Lodge, 2008
- ✓ « Les puissances régionales et leurs stratégies : empire, hégémonie et leadership », Sandra Destradi, *Review of International Studies*, vol. 36, pp. 903-930, 2010

Table des matières

Structures éditoriales du groupe L'Harmattan

L'Harmattan Italie
Via degli Artisti, 15
10124 Torino
harmattan.italia@gmail.com

L'Harmattan Hongrie
Kossuth l. u. 14-16.
1053 Budapest
harmattan@harmattan.hu

L'Harmattan Sénégal
10 VDN en face Mermoz
BP 45034 Dakar-Fann
senharmattan@gmail.com

L'Harmattan Cameroun
TSINGA/FECAFOOT
BP 11486 Yaoundé
inkoukam@gmail.com

L'Harmattan Burkina Faso
Achille Somé – tengnule@hotmail.fr

L'Harmattan Guinée
Almamya, rue KA 028 OKB Agency
BP 3470 Conakry
harmattanguinee@yahoo.fr

L'Harmattan RDC
185, avenue Nyangwe
Commune de Lingwala – Kinshasa
matangilamusadila@yahoo.fr

L'Harmattan Congo
67, boulevard Denis-Sassou-N'Guesso
BP 2874 Brazzaville
harmattan.congo@yahoo.fr

L'Harmattan Mali
ACI 2000 - Immeuble Mgr Jean Marie Cisse
Bureau 10
BP 145 Bamako-Mali
mali@harmattan.fr

L'Harmattan Togo
Djidjole – Lomé
Maison Amela
face EPP BATOME
ddamela@aol.com

L'Harmattan Côte d'Ivoire
Résidence Karl – Cité des Arts
Abidjan-Cocody
03 BP 1588 Abidjan
espace_harmattan.ci@hotmail.fr

Nos librairies en France

Librairie internationale
16, rue des Écoles
75005 Paris
librairie.internationale@harmattan.fr
01 40 46 79 11
www.librairieharmattan.com

Librairie des savoirs
21, rue des Écoles
75005 Paris
librairie.sh@harmattan.fr
01 46 34 13 71
www.librairieharmattansh.com

Librairie Le Lucernaire
53, rue Notre-Dame-des-Champs
75006 Paris
librairie@lucernaire.fr
01 42 22 67 13

www.ingramcontent.com/pod-product-compliance
Lightning Source LLC
LaVergne TN
LVHW051357061026
849535LV00009B/3238
* 9 7 8 2 3 3 6 4 9 6 7 5 7 *